우주인의 사랑 메시지
동이족의 숨겨진 역사와 인류의 미래

우주인의 사랑 메시지

동이족의 숨겨진 역사와 인류의 미래

김대선과 카르멜텐스 지음

★ ★ ★

현 인류의 시조인 동이족은

지구의 중심을 되찾아

사랑으로 인류를 보호하고 이끌어야 합니다

★ ★ ★

프롤로그

얼마 전부터 뜻을 함께하는 동료들과, 어릴 적 초가집에서 살았던 기억을 떠올리며 깊은 속리산 자락에서 생태마을을 만들고 있습니다. 저는 집, 식당 등을 만드는 건축에 참여하고 있는데, 이곳에서 저는 저만의 이중생활을 하고 있습니다. 낮에는 건물과 뚝딱거리며 보내고 밤에는 예전부터 관심 있던 고대 역사와 타임머신, UFO 같은 미스터리에 대한 책을 읽으며 인터넷 검색을 하는 것입니다. 새벽수련 다음으로 하루 중에서 가장 기다리는 시간이지요.

요즘은 동이족과 관련된 역사책들을 읽고 단군신화를 비롯하여 환국, 배달국, 고조선 등 동이족의 미스터리한 역사에 한창 필이 꽂혀 있었습니다. '호기심 천국'이라는 별명을 가진 저에게 궁금함은 꼬리에 꼬리를 물고 이어졌습니다. 드넓은 만주벌판을 누비던 호방한 동이족은 찬란한 문명을 꽃피웠는데, 왜 다 사라지고 오천 년의 한반도 역사로 축소되었을까? 왜 우리 민족은 수많은 침략과 전쟁을 당해야만 했을까? 등이죠.

이런 저에게 우주인 친구 카르멜텐스님과의 만남은 어쩌면 필연일지도 모릅니다. 이미 다른 동료들이 우주인과 대화하기 시작했다는 소식을 들었기 때문에 당황스럽지는 않았습니다. 오히려 카르멜텐스님과의 만남은 잊고 지내던 오래 전 친구를 만난 것처럼 친근하게 느껴졌습니다.

플레이아데스라는 별에서 온 카르멜텐스님은 다른 우주인들이 그랬던 것처럼 대화가 가능한 사람을 찾았다고 했습니다. 그 이유는 곧 있을 지구 대변화와 동이족 역사의 비밀, 그리고 지구 대변화 시기의 동이족의 역할에 대해 전해줄 이야기가 있기 때문이라고 했습니다.

저는 카르멜텐스님에게 동이족에 대해 궁금한 것을 다 들을 수 있었습니다. 신화로만 알고 있던 것들이 사실은 실제로 있었던 일이었지요. 동이족은 높은 차원의 하늘이 관여하여 탄생하였으며, 지금 이 시대를 위해 준비된 종족이라고 합니다. 또한 하늘을 알아보는 우수한 유전인자를 가진 종족으로 동이족의 문명은 중국과 일본 등 주변의 여러 나라에도 영향을 미쳤다고 합니다.

이러한 카르멜텐스님과의 대화는 저 혼자에게만 전해지는 메시지가 아니라 우리 한민족, 더 나아가 동이족의 피를 이어받은 많은 후손들에게 전해져야 할 메시지라는 생각이 들어 책으로 엮게 되었습니다.

이 책은 동이족의 최초 국가인 환국을 시작으로 동이족의 고대 역사와 문화유산을 다루고, 중국의 황하문명과 동북공정, 중국의 역할에 이어 북한과 일본 관계, 그리고 마지막으로 동이족의 미래와 역할로 마무리하고 있습니다.

저는 이 책을 통해서 동이족의 사라진 역사를 되찾고 싶습니다. 또한 우리는 동이족의 후손으로서 충분히 자랑스러워해야 함을, 그리고 먼 옛날에 그랬던 것처럼 머지않은 미래에 동이족이 역사의 무대 위로 나와 중요한 역할을 해야 함을 알리고 싶습니다.

약식의 책이지만 정성스럽게 손질해주신 출판사분들께, 그리고 멀리 떨어진 별에서 지구인 친구를 찾아와 메시지를 전해준 카르멜텐스님께 깊이 감사드립니다.

차례

프롤로그 6

1부 동이족의 씨앗을 뿌리다

카르멜텐스와의 만남 15
동이족의 참뜻 19
환인 선인과 동이족 20
전진 기지의 건설 25
문명의 시원, 기상 29

2부 환웅시대의 시작

배달국과 홍익인간 이념 41
태백산 신단수 47
환웅 선인과 3천 무리 56
동이족의 우수한 DNA 64
홍산문명의 유물 67

3부 단군시대의 시작

단군시대의 시작 77
단군신화의 인류사적 가치 82
고구려의 건국신화와 인물들 88
부여가 성장하지 못한 이유 94

4부 동이족의 문화유산

갑골문자 101
한글 104
장군총과 태왕릉 109
만주 내몽골 피라미드 114
환단고기와 천부경 117

5부 동이족의 지류支流

황하문명과 장강문명 129
황제헌원 138
삼황오제 143
중국의 동북공정 148
중국의 역할 157

6부 북한, 일본과의 관계

남북 관계 167
일본의 영원한 고향, 한국 171
독도, 대마도, 간도의 영유권 176
향후 한일 관계 182

7부 동이족의 미래

동이족의 공로 189
동이족의 숨겨진 역사 194
차원 상승과 동이족의 미래 200
동이족의 문화를 전 세계로 206

에필로그 212
지구와 헤로도토스 소개 216
수선재 소개 220
지구를 살리는 사랑실천 226

1부
동이족의 씨앗을 뿌리다

★ ★ ★

동이족이란 명칭은 한민족의 고대 언어가 한자로 통일되면서 사용된 명칭입니다. '동東'은 에너지가 들어오는 것을 의미합니다. 아침에 동쪽에서 환한 기운이 강렬하게 들어오는 것을 뜻하는 것으로 새로운 시작과 출발을 나타냅니다. 그리고 '이夷'는 많은 사람들이 주장하는 것처럼 큰 활로 해석할 수도 있지만, 큰 몸집에 날렵한 움직임을 의미하기도 합니다. 즉, '동이'는 동쪽에서 만들어진 새로운 문명과 빛이 서쪽으로 들어오는 모습입니다.

: 단군신화 :

단군신화는 우리나라 최초의 건국신화로, 단군의 출생과 즉위에 관한 내용을 담고 있다. 하늘의 왕인 환인의 아들 환웅이 인간 세상을 구하고자 하자, 환인이 그 뜻을 알고 삼위태백을 내려다보니 널리 인간 세계를 이롭게 할(홍익인간, 弘益人間) 만하여 천부인天符印 3개를 주어 다스리게 하였다. 환웅은 3,000명의 무리를 이끌고 태백산 신단수 아래로 내려와 신시神市 배달국을 세워 여러 신들과 세상을 다스렸다. 이때 사람이 되기를 원하는 곰과 호랑이에게 쑥과 마늘을 주면서 100일 동안 햇빛을 보지 말고 동굴 속에서 생활하면 사람이 될 수 있다고 하였다. 하지만 호랑이는 참지 못하고 나가고, 곰은 100일 후에 웅녀가 되어 환웅과 결혼하여 단군을 낳았다. 그리하여 단군은 평양에 도읍하여 조선朝鮮을 세웠고, 후에 아사달에 천도하여 1,500년 간 나라를 다스렸다고 한다.

카르멜텐스와의 만남

새벽수련이 끝나고 조금 더 깊은 호흡을 하기 위해 자리에 앉았다. 호흡을 할수록 주변과 하나 되어 가는 느낌이 좋아 깊이 호흡에 집중하고 있을 때, 내면에서 누군가의 목소리가 들렸다.

    안녕하세요.

……?

    안녕하세요.

안녕하세요? 누구신가요?

저는 당신을 만나기 위해 찾아온 카르멜텐스입니다.

저를 만나기 위해 오셨다고요?

네, 저희와 대화할 수 있는 사람을 계속 찾고 있었습니다.

그렇군요. 동료들이 우주인과 대화하기 시작했다는 얘기를 들어서인지 당황스럽지는 않네요.^^ 반갑습니다. 저는 보은 생태마을에서 살고 있는 김대선이라고 합니다.

저도 반갑습니다. 저는 플레이아데스별[1]에서 온 카르멜텐스입니다.

플레이아데스별의 카르멜텐스가 맞나요?

네, 맞습니다.^^

---

1) p.216 '지구와 헤로도토스 소개' 참조.

네. 카르멜텐스님, 어찌하여 저와 인연이 되셨나요?

지금 지구는 큰 변화를 앞두고 있습니다. 그 변화와 관련하여 여러 가지 정보를 우주인들이 지구인들에게 전해 드리고 있는데, 그 중에서 저는 대선님이 궁금해 하는 동이족 역사의 비밀과 향후 지구 변화기에 동이족이 해야 할 역할에 대하여 알려드리기 위해 이렇게 만나게 되었습니다.

동이족 역사에 대한 비밀요? 제가 요즘 관심이 많은 부분인데, 어떻게 아셨어요?

하하, 대선님은 모르시겠지만, 계속 대선님을 지켜보고 있었습니다.

아, 알겠습니다. 그런데 카르멜텐스님은 동이족에 대해서 어떻게 아시는지요? 우리나라 사람들도 잘 모르는데요.

플레이아데스는 지구와 밀접한 별입니다. 저희 별 사람들은 지구에 대해 잘 알고 있으며, 많은 애정을 가지고 지켜보고 있습니다. 특히 이번 지구 대변화기는 저희 플레이아데스에도 큰 영향을 미치기 때문에 모두 촉각을 세우고 관심 갖고 있지요. 우주에 있는 별들은 마치 몸체를 이루는 세포들처럼 서로 연결되어 있어 영향을 주고받습니다. 이 우주에서 홀로인 별은 없지요.[2]

저는 기상학을 전공하고 있고, 부전공은 역사학으로 그 중에서도 우수한 종족인 동이족의 역사에 대해 공부했습니다. 플레이아데스는 6차원의 별로 3차원인 지구보다 높은 수준이라 궁금한 것은 도서관에 접속하면 다 알 수 있지요.

와, 도서관에 접속하면 알 수 있다니 부럽네요. 그동안 궁금한 것이 많았는데… 앞으로의 만남이 엄청 기대됩니다.^^

네.^^ 제가 알고 있는 정보는 다 전해드릴게요. 궁금해 하셨던 것이 많이 풀릴 것입니다.

---

2) 자세한 내용은 『플레이아데스가 말하는 지구의 미래』 p.103 참조.

동이족의 참뜻

카르멜텐스님! 먼저 동이족東夷族이라는 이름이 궁금합니다. 동이족에는 동쪽 오랑캐라는 뜻이 있다고 하여 일부 재야 학자들은 이 명칭의 사용에 거부감을 가지고 있다고 합니다. 정말 그러한 뜻이 있나요? 동이족이란 명칭은 언제부터 사용되었으며 진정한 의미는 무엇인가요?

동이족이란 명칭은 한민족의 고대 언어가 한자로 통일되면서 사용된 명칭입니다.

'동東'은 에너지가 들어오는 것을 의미합니다. 아침에 동쪽에서 환한 기운이 강렬하게 들어오는 것을 뜻하는 것으로 새로운 시작과 출발을 나타냅니다. 그리고 '이夷'는 많은 사람들이 주장하는 것처럼 큰 활로 해석할 수도 있지만, 큰 몸집에 날렵한 움직임을 의미하기도 합니다.

즉, '동이'는 동쪽에서 만들어진 새로운 문명과 빛이 서쪽으로 들어오는 모습이라고 할 수 있습니다. 이것이 서쪽에 거주한 한족이 대단히 부러워하게 되는 시초가 된 것입니다. 그들이 숭상하고 받들어 배움을 청해야 할 민족이 바로 동이족이었던 것이지요.

하지만 시간이 지나면서 우리의 주체적인 역사가 아닌 한 족에 비유한 역사로 전락하다 보니 오랑캐라는 표현으로 사용하게 된 것입니다. 동이족이라는 말이 부정적으로 생각된다면 인식을 전환할 필요가 있습니다. 무조건적인 피해의식에서 벗어나 널리 사용되는 것을 받아들일 필요도 있는 것이지요.

네, 동이족에는 그런 뜻이 있었군요.^^ 그럼 본격적으로 우리나라의 건국신화인 단군신화부터 문의하겠습니다.

네. 단군신화부터 하나하나 풀어나가도록 해요.

환인 선인과 동이족

우선 환인에 대해 궁금한데요. 『환단고기[3]』라는 책을 보면 고조선 이전에 환국과 신시 배달국이 존재하였고, 두 나라는 환인과 환웅이 통치하였으며 각각 7대와 18대를 이어갔다고 합니다. 또, 『천서 0.0001[4]』라는 책에서는 환인은 동이족의 시원이 되는 선인님으로 동이족을 책임지고 있다고 합니다. 환인이 동이족의 시원이 되는 선인님이 맞는지요?

네. 환인 선인님이 동이족의 시원입니다. 언제부터인지 저희도 알 수는 없으나 환인 선인님께서는 지구, 특히 동북아 지역을 오랜 세월 동안 관장하고 계십니다. 지구의 문명이 바뀔 때마다 많은 지침을 주셨지만, 지금은 현생 인류에 대한 부분을 말씀드리겠습니다. 잘 알다시피 지구는 1만 2천 년 전에 빙하기가 끝나고 새로운 시대로 접어들고 있었습니다. 지구 인류가 거의 멸종되고 모든 문명이 퇴화하여 인간은 동물과 비슷한 삶을 살고 있었지요.

이를 지켜보시던 선계에서는 환인 선인님으로 하여금 새로운 인종과 문명을 만들도록 하셨습니다. 이에 환인 선인님께서 직접 동북아 지역에서 산과 물이 어우러진 곳을 찾았는데 그곳이 바로 중국 황하강 중상류의 기상起床입

---

3) p.117 '환단고기와 천부경' 참조.
4) 『천서 0.0001』 1~4. 도서출판 수선재 출간.

니다.

하지만 그곳 인간들의 수준이 너무 낮았기에 바로 새 문명을 전수하기는 힘들었습니다. 그래서 환인 선인님께서는 이들의 의식이 깨일 수 있도록 많은 시간을 들여 전진 기지를 만들었습니다. 여기에서 지구의 기운을 정화하고 기맥氣脈을 연결하는 일을 하신 것입니다. 물이 흐르는 통로를 물길이라고 하고 기운이 흐르는 통로를 기맥이라고 하는데, 물의 흐름에 따라 주변 만물을 싹틔우는 것처럼 기운 역시 어디에서 어디로 흐르는가에 따라 인간과 문명의 방향이 결정되기 때문입니다.

환인 선인님께서 기상 지역을 선택하신 특별한 이유가 있나요?

기상은 토土 기운에 해당하는 중국에서도 중심부에 해당하는 지역으로 기적氣的으로는 중화中和의 성향을 띠고 있습니다. 이곳은 일종의 배꼽과도 같아 새로운 인류의 탄생에 있어 상징적인 의미가 있기도 합니다. 기상을 지구의 배꼽이라 볼 때 배꼽은 어머니의 탯줄로 지구의 자양분을 공급받는 곳이죠. 이에 하늘에서 내려온 환인 선인님의

DNA가 융합될 장소로서 기상 지역이 선정된 것입니다. 이것은 잉태의 의미이기도 하며, 지상에 선계의 뜻을 펴기 위한 포석[5]으로서의 기반을 구축하기 위한 장소이기도 합니다.

> 동양의 오행으로 풀이하면, 중국은 토土 기운에 속한다. 토土는 모든 것을 수용하고 중화하여 화합하게 하는 성질이다. 토에 해당하는 인체의 장부는 비장·위장으로 중국은 위장에 해당한다. 위장이 인체의 가운데에 위치해 모든 것을 받아들이고 소화시켜서 온몸으로 분배하듯이 중국中國은 이름에도 가운데 중中자를 쓰는 것처럼, 지구의 가운데에 위치하여 다 받아들이고 중화시켜 온 지구에 공급하는 역할을 한다.
> 또한 한국은 목木 기운에 속한다. 목木은 왕성한 생기生氣이며, 따뜻하고 양육적이고 문학적인 성질이다. 목에 해당하는 인체의 장부는 간·담으로 한국은 간에 해당한다. 간이 영양분을 저장하고, 정화, 해독하는 역할을 하듯이 한국은 지구에 있는 영양분들을 전부 저장하고 해독하여 엑기스를 생산해 내는 위치이다.

---

5) 바둑에서, 중반전의 싸움이나 집 차지에 유리하도록 초반에 돌을 벌여 놓는 일로 앞날을 위하여 미리 손을 써 준비하는 것을 비유한다.

환인 선인님의 DNA가 융합된다는 것이 무슨 뜻인가요?

당시의 인류는 동물과 비슷한 수준으로 초기 부족의 형태를 갖춘 정도였습니다. 새롭게 문명을 시작하기 위해서 환인 선인님께서는 기존에 존재하던 인류에게 천인의 형질을 지닌 DNA를 심으셨고 여기서부터 번식된 종족이 동이족이라 할 수 있습니다.

천인의 형질이란 쉽게 말하면 '하늘'의 의미를 알아보는 형질로, 이 인류들에게 환인 선인님의 DNA는 기적氣的인 형태로 이식되었습니다. 이를 위해 당시 원시 부족 중에서 건장하면서도 바른 정신을 가지고 있는 사람이 선정되었으며, 환인 선인님의 공력을 통해 동이족의 시조가 된 것입니다. 이 시조로부터 물질적인 자손이 번식하였고, 전진 기지에서의 기적인 환경 조성 작업을 통해 동이족은 상당히 빠르게 진화를 이루게 되었습니다.

전진 기지의
건설

전진 기지는 구체적으로 어떻게 만드셨는지요? 물리적 형태인지, 아니면 눈에 보이지 않는 기운으로 작업한 기적氣的인 형태인지요? 전진 기지에 있었던 분들은 어떤 분들이었는지요?

전진 기지는 기적인 형태로 지상에 건설되었습니다. 당시 전진 기지에 참여했던 분들은 몇몇 선인님들을 제외하고는 대부분 헤로도토스[6]와 헤드로포보스[7]에서 온 우주인들이었습니다. 선인들은 하늘에 그대로 계시고, 우주인들은 우주선을 이용하여 지상에 거주하였습니다. 그들은 기적인 상태인 에테르체[8]로 있었으나, 당시 지구에 살고 있는 인간들이 마음이 순수하여 그들을 알아보며 함께 공존할 수 있었습니다.

[6) 7)] p.216 '지구와 헤로도토스 소개' 참조.
[8)] 에테르는 우주를 구성하고 있는 근본 물질로 에테르체란 물질 성분이 거의 없는 몸으로서 시공의 제약을 초월해 존재할 수 있다. 이 단계가 되면 마음과 생각의 힘으로 물질의 창조가 가능해진다.

우주인들과의 계속적인 만남으로 지구인들의 의식은 비약적으로 발전할 수 있었습니다. 예를 들면 시골 초등학생이 서울을 구경하는 것보다 더 큰 의식의 깨임이라고 할까요? 상상이 가시나요?

아니요. 아직은 실감이 나질 않습니다. 계속 말씀해 주세요.

네. 아직 실감하기는 어려울 수 있습니다. 우주인들이 주도적으로 지구 특히 동북아 지역의 기후를 인간들이 살기 좋도록 변화시키는 기적인 환경 조성 작업을 하였습니다. 이 작업은 환인 선인님의 지휘를 받은 9분의 선인님께서 교대로 총 감독을 하셨습니다. 한 분의 선인님이 대략 4~5백년 주기로 현장 책임을 맡으신 것입니다.

그렇군요. 기적인 환경 조성으로 동북아의 인류에게는 어떤 발전이 있었나요?

동북아의 인류에게 점차 영성靈性이 높은 영靈들이 이식되기 시작하였습니다.

영성이 높은 영들이 이식되었다는 것이 무슨 뜻인지요?

인간은 육체와 보이지 않는 영靈으로 구성되어 있습니다. 그 중에서 육체는 현대과학을 통하여 DNA로 설명이 가능하죠. 하지만 같은 육체라 해도 생명이 있는 경우와 없는 경우는 육체 안에 영이 있는가, 없는가에 따라 달라집니다.

당시 지구에 문명이라고 할 만한 것이 있지는 않았는데, 선인들과 우주인들이 새로운 문명을 전수해주기 시작한 것이죠. 하지만 지구에 살고 있는 인간들의 수준이 너무 낮은 경우 높은 문명을 받아들일 수 없습니다. 그래서 먼저 높은 수준의 영들을 지구 인간으로 태어나게 하는 것입니다. 그 지구인으로 인해 지구의 문명이 발전하게 되면 좀 더 높은 수준의 영들이 태어나게 되고 이런 식으로 서로 상승효과를 일으켜 지구의 문명은 비약적인 발전을 이루게 되는 것입니다.

즉, 몸은 현재 상태와 유사하나 고급의 영들이 태어나기 시작하면서 문명도 점차 발전을 이루어 그 다음 세대로 넘어갈 수 있는 영성을 가진 인류가 되었던 것입니다. 이렇게 문명을 발전시킨 기간이 대략 3천여 년이었습니다.

그런 상태에서 3천 년 정도의 시간이 흘렀다는 것이군요.

네. 함께 근무하던 몇몇 선인들께서 이제 인류에게 직접적으로 문명을 전파할 수 있는 환경이 되었다고 보신 것입니다.

- **선계仙界** : 선인들이 거주하면서 우주를 다스리는 곳. 시공을 초월한 10차원의 세계로서 우주의 정점에 위치하고 있다. 선계란 인간들이 지금까지 말하던 유토피아나 천당, 극락 등을 모두 합한 개념이나, 실상 그 이상의 개념이라고 할 수 있다. 백악관이 미국의 대통령이 거주하며 미국을 다스리는 공간인 것과 같이 선계는 시공을 초월한 공간, 즉 완전기적完全氣的 공간이다.

- **선인仙人** : 진화의 최종 관문인 깨달음을 이룬 완성체로서 우주에서 가장 영성이 높은 존재이다. 선인은 인간들이 지금까지 말하던 천사, 붓다, 신, 우주인을 모두 합한 개념이나, 실상 그 이상의 개념이라고 할 수 있다. 인간을 비롯한 우주의 모든 존재는 윤회를 거듭하며 진화해 나가고 있는바 선인은 진화의 최종 관문인 깨달음을 완성한 완성체로서 우주 전체를 통틀어 최고 수준의 영성을 가진 존재이다.

문명의 시원,
기상

기상에 대하여 좀 더 알아보고 싶은데요. 현재 기상 지역에 유적들이 남아 있나요?

> 현재까지 일부가 남아 있지만 찾기는 쉽지 않을 것입니다. 그러나 역사성이 있기 때문에 보존되어 있다고 보시면 됩니다.

자료를 찾아보니 황하 중상류 지역은 내몽골(內蒙古, 네이멍구) 자치구, 청해성(靑海省, 칭하이성), 산서성(山西省, 산시성), 섬서성(陝西省, 산시성), 감숙성(甘肅省, 간쑤성), 영하회족(寧夏回族, 닝샤후이족) 자치구가 있습니다. 기상은 어느 지역에 해당되는지요?

> 기상은 섬서성과 내몽골 자치구가 만나는 영하회족(닝샤후이족) 자치구 일대입니다.

네. 자료를 찾아보니 현재 닝샤후이족 자치구에 기상이라는 명칭은 없었습니다. 하지만 인터넷을 검색하다가 이곳의 허란산에서 암각화가 발

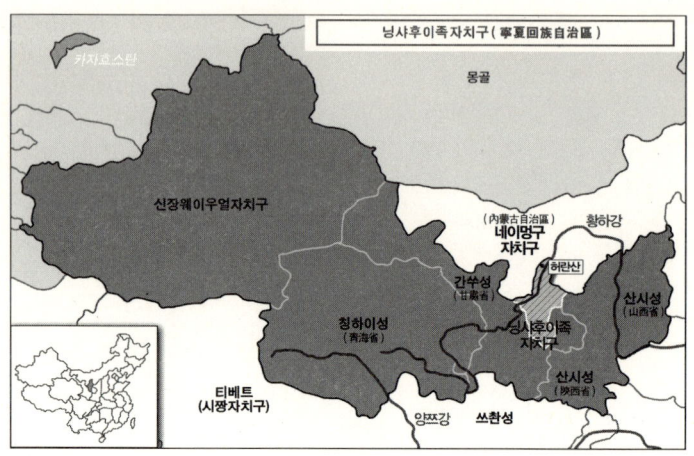

견되었다는 것을 보았는데, 암각화의 모양이 특이하여 혹시 기상과 어떤 관련이 있는 것은 아닌가 하는 생각이 들었습니다.

지구상에 남아 있는 암각화들은 보존될 이유가 있기 때문에 현재까지 전해지고 있는 것입니다. 황하강 이북의 허란산에 있는 암각화들은 환인 선인님께서 동이족을 태동시키던 시절에 전진 기지로 사용하던 지역 인근으로 이곳은 기상이 맞습니다. 하지만 기상은 좁은 지역이 아닌 상당히 넓은 지역입니다.

암각화가 발견된 인근이 기상이 맞는다는 것인지요?

그렇습니다.

이곳이 기상이라는 이름으로 사용된 적이 있나요?

기상이란 명칭으로 사용된 적은 없습니다. 기상이란 이름은 기적인 세계에서 사용하는 단어로 지구 인간들이 사용하지는 않았습니다.

그럼 과거 역사 자료를 찾아본다고 해도 찾을 수 없겠군요?

네. 그곳에서 기적인 준비와 함께 인간들에 대한 조사를 하며 그들과 기적인 교류를 했습니다. 그 모습을 볼 수 있었던 당시 주민들이 그림으로 표현한 것이 태양신으로 불리는 암각화입니다. 우주인들이 인간보다 탁월한 능력을 가지고 있었기 때문에 주민들은 공중에 떠 있는 모습 등 특이한 형상을 암각화로 그린 것입니다.

알겠습니다. 또한 닝샤후이족 자치구에는 11세기 전후에 서하문명이 존재하였으나 원나라와의 전쟁으로 멸망하였다고 합니다. 당시 유적 중 특이한 것이 동양의 피라미드로 불리는 서하 피라미드입니다. 서하 황제의 무덤이라고 하는데 이것이 당시에 만들어진 것이 맞는지요?

당시에 만들어진 유적이 아닙니다. 이집트의 피라미드 유적이 고대문명을 이야기하듯이 서하 지역은 동이족의 시원이 되었던 인근 지역으로 동이족의 대이동 후에는 버려진 땅과 같았습니다. 지상 낙원처럼 풍요롭던 지역이 점차 건조화 되면서 사람들이 살기가 어려워진 것이지요.

그래서 다른 지역으로 대이동을 하게 되면서 그곳에 버려진 여러 유적들이 오랫동안 보존될 수 있었던 것입니다. 그 중 일부가 오늘날 서하 피라미드라 불리는 유적들이지요. 서하 피라미드는 인간들이 만든 것이 아니라 우주인들에 의하여 건설된 것입니다.

그럼 기원전 7,000년 전후의 유적을 서하에서 무덤으로 사용했다는 것인가요?

그렇습니다. 하지만 기원전 7,000년이 아니고 기원전

5,000년경을 전후하여 만들어진 것입니다.

그렇군요. 허란산에서는 암각화 이외에 발굴된 유적에 대한 내용은 검색되지 않습니다. 이곳에서 고대 유적들이 발굴될 가능성이 있나요?

당시 인간들이 생활했던 유적들이 남아 있기는 하지만 발견되기는 쉽지 않을 것입니다. 그곳이 문명의 시원이 된 곳이라 생각하지는 않기 때문에 고고학적 조사가 거의 이루어지지 않고 있지요.

허란산 태양신 암각화　　　　서하 피라미드

닝샤후이족 자치구는 중국 서북 지역에 있는 소수 민족의 자치구이다. 주민 구성은 후이回족, 한汉족, 만주满州족 등 35개 민족으로 이루어져

동이족의 씨앗을 뿌리다 33

있으며, 주민의 약 1/3은 이슬람교를 신봉하는 후이족이다. 이 닝샤후이족 자치구의 허란산 동쪽 기슭에서는 1980년대에 고대 암각화가 발견되었는데, 이것은 약 3,000년 전~1만 년 전에 걸쳐 허란산 일대에 거주했던 북방 유목민족들이 그리거나 새긴 것이다. 암각화는 27곳에 1,000여 점이 분포하고 있으며, 수렵·어로·제사·전쟁·가무 등 생활 모습을 비롯해 양·소·말·낙타·호랑이·표범 등 동물 도안과 추상적인 부호 등이 그려져 있다. 여기에는 원시 씨족부락의 자연숭배, 생식숭배, 토템숭배, 조상숭배의 문화가 드러나 있어 학술적으로 중요한 가치를 지닌다.

또한 닝샤후이족 자치구에는 11세기 전후에 이곳에서 존재했던 서하 문명의 유적들이 있는데, 그 중 하나인 왕릉의 능탑陵塔은 '동방의 피라미드'라고 불리고 있다. 서하는 중국의 북서 지역인 지금의 감쑤(감숙) 오르도스 지방에서 1032년~1227년까지 약 200년간 존속한 탕구트족 국가로, 송과 서역의 중간에 위치해 실크로드를 통한 동서교역을 장악했다. 서하 왕릉은 약 50km²의 황량한 사막에 구축되었는데, 9기의 왕릉 가운데 가장 부지가 크고 보존이 잘 된 3호 능원은 서하의 개국황제인 이원호의 것으로 추측하고 있다. 그리고 능성의 서북쪽에 위치하여 동방의 피라미드라고 불리는 서하 왕릉의 능탑은 상부가 점점 안으로 들어가는 계단 모양으로 되어 있으며, 본래 7층의 목조건물이 외관을 아우른 구조였다고 한다. 이 능탑은 중국의 기타 지역의 능묘에서는 볼 수 없는 특별한 건축물로서, 서하 귀족들의 특수한 장례풍속을 반영하고 있다.

이번엔 동이족의 역사에 대해 질문을 드리고자 합니다. 동이족의 역사가 12,000년 전이라고 하셨는데 기원전 7,000여 년부터 시작되었다는 주장도 있습니다.

동이족의 역사가 12,000년이란 것은 상징적인 의미로 빙하기에서 간빙기로 넘어오는 시기가 12,000년 전이라 그렇게 표현한 것입니다. 기원전으로 한다면 1만 년경으로 그때부터 환인 선인님께서 동북아에서 현존 인류가 시작될 수 있도록 기운을 지원하셨습니다. 그로 인하여 지구에서 원시적 삶을 살던 인류들이 문명이라는 것을 이루며 살게 되었지요. 환인 선인님께서는 그때부터 지금까지 계속 동북아 지역을 관장하시며 동이족에 대하여 관여하고 계십니다.

환국의 시작을 기원전 1만 년 전으로 보면 됩니다만, 이것은 나라의 형태가 아닌 기운의 형태로 지원을 시작한 것이고, 그 후 문명이 시작된 것은 기원전 7,000년경부터라고 볼 수 있습니다. 그 후 3,000년 정도 환국이 유지되었으며, 2,000년 정도를 환웅 선인님의 배달국이 통치한 것입니다. 그 후 단군에 의해 고조선이 건국되면서 본격적으로 기록에 남는 역사시대가 되었습니다.

그럼 기적인 기반 조성 기간이 대략 3천 년 정도 진행되었고, 그 후 여러 환인 선인님들에 의하여 오늘날 이야기하는 환국시대가 접어들었는 지요?

대략적으로 본다면 그 정도의 시간이 진행된 것입니다. 인간의 기준으로 본다면 3천 년이란 시간이 오랜 기간이 될 수 있을 것이나, 기적인 기반 조성과 인간들의 DNA를 변경하여 후손을 남겨 일정 수 이상이 되기까지는 그 정도의 시간이 소비되었습니다. 그 후에는 임계치의 법칙[9]에 의하여 자동적으로 동이족의 DNA가 주변으로 널리 퍼질 수 있게 된 것입니다.

어떤 분들은 환국이 12연방국으로 되어 있었으며 그 중의 하나인 수밀이국이 수메르를 건설하였다고 합니다. 환국시대에 실제로 나라를 세우고 통치하였는지요?

---

9) 어떤 행동을 하는 개체의 수가 일정 임계치에 도달하면 그 행동이 그 집단뿐만 아니라 거리와 공간을 초월하여 다른 집단으로 전파된다는 법칙.

환국시대는 준비하는 시기라 나라를 직접 세워서 통치하지는 않았습니다. 그러나 동이족의 영성을 높이기 위해 문명을 전수하셨습니다. 흔히 이야기하는 신석기시대라 할 수 있죠. 환국시대에 여러 지역으로 문명이 퍼져 나가기는 하였지만 아시아와 동유럽을 포함한 지역까지는 가지 않았습니다. 지역은 동북아시아로 보시는 것이 좋습니다.

동이족 중 일부가 후에 천산산맥을 넘어 서쪽으로 이동하기도 하고, 일부는 중동 지역까지 이동하기도 하였습니다. 중동으로 이동한 부류에서 수메르를 세우기는 하였지만 그들이 환국에 포함된다고 볼 수는 없습니다. 그들의 조상은 동이족이 맞습니다.[10]

---

10) 자세한 내용은 『우주에서 온 고대문명의 설계자들』 p.45 참조.

2부

환웅시대의 시작

★ ★ ★

환웅 선인께서 만주 홍산 지역의 넓은 평원이 배달국에 적합한 것으로 결정을 내리고, 신시神市를 세우게 된 것입니다. 신시는 신과 인간이 하나가 되는 도시를 의미합니다. 즉, 신이 인간의 몸으로 내려오고, 인간이 노력하여 신이 될 수 있음을 보여주는 도시이지요. 이 신시 배달국에서 본격적인 선계의 문물이 지상에 전수되었습니다.

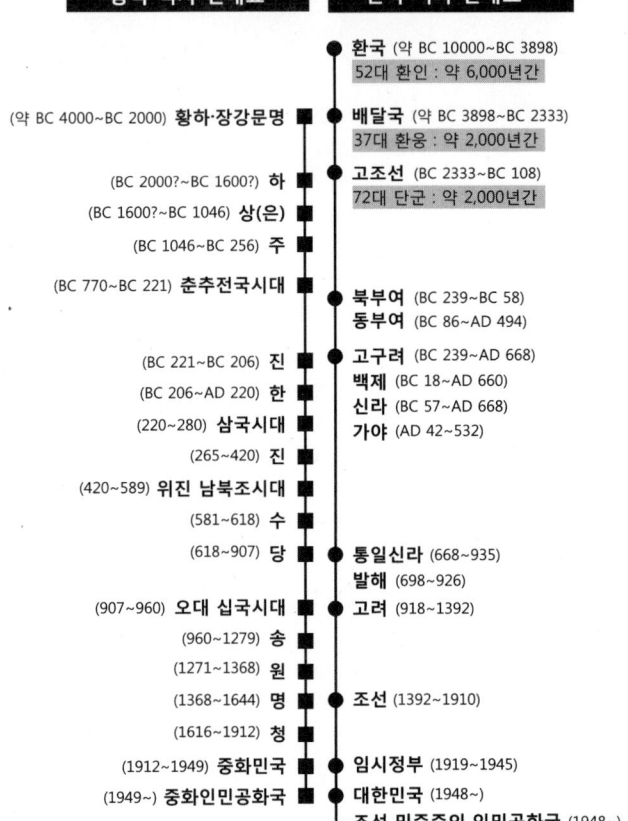

중국 역사 연대표	한국 역사 연대표
	● **환국** (약 BC 10000~BC 3898) 52대 환인 : 약 6,000년간
(약 BC 4000~BC 2000) **황하·장강문명** ■	● **배달국** (약 BC 3898~BC 2333) 37대 환웅 : 약 2,000년간
(BC 2000?~BC 1600?) **하** ■ (BC 1600?~BC 1046) **상(은)** ■	● **고조선** (BC 2333~BC 108) 72대 단군 : 약 2,000년간
(BC 1046~BC 256) **주** ■	
(BC 770~BC 221) **춘추전국시대** ■	**북부여** (BC 239~BC 58) **동부여** (BC 86~AD 494)
(BC 221~BC 206) **진** ■	**고구려** (BC 239~AD 668)
(BC 206~AD 220) **한** ■	**백제** (BC 18~AD 660)
(220~280) **삼국시대** ■	**신라** (BC 57~AD 668)
(265~420) **진** ■	**가야** (AD 42~532)
(420~589) **위진 남북조시대** ■	
(581~618) **수** ■	
(618~907) **당** ■	● **통일신라** (668~935) **발해** (698~926)
(907~960) **오대 십국시대** ■	● **고려** (918~1392)
(960~1279) **송** ■	
(1271~1368) **원** ■	
(1368~1644) **명** ■	● **조선** (1392~1910)
(1616~1912) **청** ■	
(1912~1949) **중화민국** ■	● **임시정부** (1919~1945)
(1949~) **중화인민공화국** ■	● **대한민국** (1948~) ■ **조선 민주주의 인민공화국** (1948~)

위 연대기는 일반적인 정론을 바탕으로 작성했으며, 고구려가 기원전 239년으로 변경되면서, 백제, 신라, 가야에 대한 조사가 필요합니다.

배달국과
홍익인간 이념

환국이 건립되고 3,000년이 흐른 뒤 동이족에게 직접 문명을 전파하기 위해 오신 분이 단군신화에 나오는 환웅 선인님이신가요?

    그렇습니다. 그분입니다.

환웅 선인님은 어떤 분이지요? 단군신화에서는 환인의 서자로 나오는데요.

    환인 선인님 휘하에는 환웅 선인님을 비롯하여 많은 분

들이 있었습니다. 환웅 선인님은 환인 선인님의 지시를 받아 동북아에서 문명을 건설하기 위한 프로젝트에 참여하신 분으로, 비유하자면 회사 조직에서 대민 창구를 담당하는 부서장 정도로 보면 이해하기 쉬울 것입니다. 인간들과 접촉하는 업무를 하다 보니 보다 쉽게 문명을 전파하기 위해서는 직접 지상으로 내려갈 필요를 느끼신 것입니다.

직접 지상으로 내려온 그분을 신세대 그룹의 지도자라고 표현하면 적절할 것 같습니다. 그래서 신화에는 왕자로 표현한 것입니다.

환웅 선인께서 태백산 신단수로 오셨다고 하셨는데 그곳이 어디인가요? 지금의 백두산 인근이라는 설이 지배적인데요.

지금의 백두산은 아닙니다. 백두산은 기운을 지원하여 주는 곳이라, 인간이 살기에는 부적절했습니다. 그래서 환웅 선인님이 선택하신 곳이 만주 지역입니다. 만주의 간도 지역은 아니며 홍산문명紅山文明이 이룩된 요하강 주변이라 보시면 됩니다.

요하강 주변도 상당히 넓은데 상류, 중류, 하류 지역 중 어느 곳인지요?

요하강 중하류 지역입니다. 당시 그곳이 인간이 살기에 가장 좋은 지역이었고 주변에는 많은 토착민들이 거주하고 있어서 쉽게 문물을 전할 수 있었습니다.

환웅 선인님께서 황하에서 홍산 주변으로 이동해 배달국을 세우게 된 이유가 있나요?

환인시대에는 좋았던 기후가 지구의 자체 시스템에 의해서 변화하고 있었고 또한 황하강의 잦은 범람으로 안정적인 문명을 구축하기가 어려웠기 때문에 더 좋은 지역으로 이동한 것입니다. 당시 홍산 지역은 기후가 온화하고 넓은 평야가 있어서 인간들이 살기에 적당했으며, 지금처럼 추운 곳이 아니었습니다. 배달국이 건립되고 2~3천 년이 흐른 뒤 지금과 같이 추워지기 시작하였던 것이죠.

그래서 환웅 선인께서 만주 홍산 지역의 넓은 평원이 배달국에 적합한 것으로 결정을 내리고, 신시神市를 세우게 된 것입니다. 신시는 신과 인간이 하나가 되는 도시를 의미합니다. 즉, 신이 인간의 몸으로 내려오고, 인간이 노력하여 신이 될 수 있음을 보여주는 도시이지요.

이 신시 배달국에서 본격적인 선계의 문물이 지상에 전수되었습니다. 의식주를 비롯한 각종 풍습과, 가장 중요한 선도수련仙道修鍊이 배달국의 근간을 이루게 되었고 이것이 지금까지 한민족에 알게 모르게 흐르고 있는 선문화仙文化의 기반이 되었습니다.

고조선의 건국이념으로 알려진 '홍익인간(弘益人間-널리 인간 세계를 이롭게 한다)'의 사상이 사실은 배달국에서도 있었다고 합니다. 맞는지요?

맞는다고 할 수도 있고 틀리다고 할 수도 있습니다. 환인 선인께서 동이족에게 새로운 문명을 만들어 주시면서 행하신 것이 바로 홍익인간이라는 개념입니다. 이것이 차후 인간 세계에 본격적으로 적용된 것이 배달국시대라 할 수 있습니다.

우주는 만물을 다스리는 주체입니다. 홍익인간은 소우주인 인간이 이런 만물을 다스리는 주체가 되어야 하기 때문에 그런 인간이 되라는 뜻에서 부여해주신 사상입니다. 그러니까 만물을 이롭게 하는 인간이 맞습니다. 여기서 만물을 이롭게 한다는 것은 사랑으로 우주만물에 에너지를 골고루 분배하는 것을 의미합니다.

그렇군요! 배달국의 건국이념인 홍익인간을 지상에 어떻게 적용했는지요?

동이족의 모델을 만들 때 가장 신경을 쓰신 부분이 바로 동이족이 '하늘'을 느낄 수 있도록 배려하신 것입니다. 자신도 모르게 보이지 않는 세계인 하늘을 동경하며 그리워하도록 프로그램한 것입니다. 그래서 하늘을 보고 무엇이 있을까 생각해 볼 수 있도록 한 것이지요.

또한 하늘을 그리워하는 것에서 끝나는 것이 아니라 하늘이 친구가 되고 가족이 될 수 있도록 하늘에 대해 많은 것을 알려주었습니다. 단순히 동경의 대상이 아니라 하늘이 될 수 있다는 것을 알려주기 위하여 많은 노력을 한 것이지요. 그 방법으로 전수된 것이 선도수련이며 호흡수련입니다.

당시 인간들이 동물 단계에서 벗어나 인간이라는 단계로 진입하기 위해서 많은 것이 필요하였습니다. 단순히 먹고 사는 문제를 벗어나 같은 존재로서의 예절이 필요하였고 자연과 벗이 될 줄도 알아야 했습니다. 인간으로서 알아야 할 다양한 것을 교육하면서 인간 스스로 귀한 존재라는 것을 느낄 수 있도록 계속 노력하신 것입니다.

- 선도수련仙道修鍊 : 선도수련은 환인, 환웅, 단군을 통하여 동이족에게 전수된 것으로, 인간들이 가지고 있는 본래의 본성本性을 가장 빠르게 만날 수 있는 방법이자 20세기까지 지구 대변화기를 준비하기 위한 수련이라고 할 수 있다. 이것은 공개되지 않고 비밀리에 전수하는 방식을 사용하였으나 넓은 의미에서는 모든 호흡수련을 의미한다. 한편 선계수련仙界修鍊은 우주 본체, 즉 조물주님으로부터 내려오는 수련을 의미하며, 더 널리 보급할 목적으로 21세기 혼란스러운 물질시대에 적합하도록 모든 것을 재정립하여 만든 수련으로 곧 다가올 지구 대변화기를 이끌어갈 수련이라고 할 수 있다.

- 선문화仙文化 : 사람과 자연과 하늘이 서로 조화롭게 공존하는 삶의 방식이자 문화. 1만년 이상의 역사를 지닌 한국의 전통 명상 문화이자 자연친화 문화이며, 앞으로 신인류가 이룩하고 누려야 할 삶의 문화이기도 하다. 한문 '선仙'은 사람과 자연, 사람과 우주가 하나 되어 어울리는 형상으로 사람과 자연, 사람과 우주의 소통을 뜻한다.

그렇군요. 무에서 유를 만들어가는 과정이었겠네요.

그렇죠. 아무런 법칙이나 규율이 없는 곳에서 하나하나 만들어가는 과정이었습니다. 기다림과 인내의 시간을 가지고 하나의 문화로 만들어간 것입니다.

태백산 신단수

앞에 말씀하신 홍산문명은 어떤 문명인지요? 자료를 찾아보니 홍산문명 또는 요하문명이라고 하기도 하는 이 문화의 유적은 지도에서처럼 요하와 대능하 사이의 지역에서 집중적으로 발굴되었습니다. 이 지역 근처에 태백산이 있나요?

태백산은 홍산紅山을 의미합니다. 그래서 홍산문명이라는 이름이 붙여진 것입니다. 이름이 단순히 붙여진 것처럼 보이겠지만 이것은 우연을 가장한 필연이라고 보시면 됩니다.

그럼 신단수神壇樹는 어디인가요?

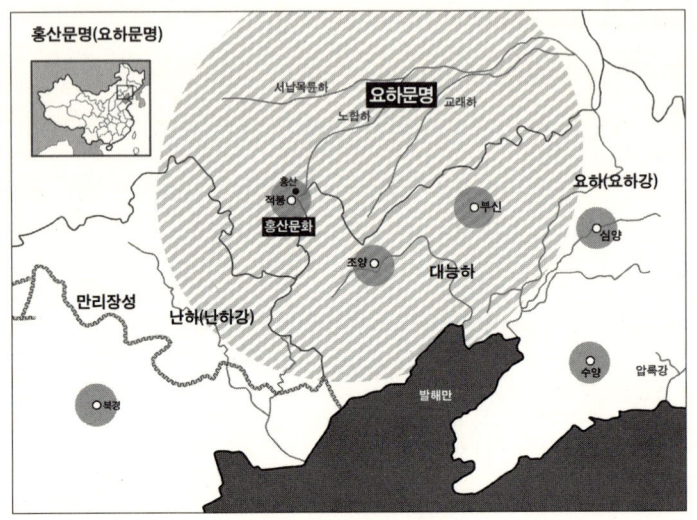

신단수는 주변에 흐르는 강을 의미합니다. 홍산의 기운이 강을 따라 흐르며 생명의 젖줄을 만들어주었던 것입니다.

주변에 흐르는 강이라고요? 신단수는 한자로 풀이하면 신성한 나무를 의미하는데요?

한자를 있는 그대로 풀이하면 나무가 될 것입니다. 수선재樹仙齋도 나무를 의미하기도 하죠? 같은 수樹자를 사용하는데, '수'는 본래 물水을 의미하기도 합니다. 한자에서 대표 글자 중 하나라고 할까요?

신단수는 신성한 나무로, 이것은 차원이 열리는 문을 의미합니다. 흔히 스타게이트로 표현하기도 하죠. 여기서의 차원의 문이란 하늘의 기운이 내려와서 널리 퍼지는 지점입니다. 나무는 왕성하게 자라는 것을 의미하기도 하지만, 하늘의 기운이 왕성하게 퍼지는 것을 나타내기도 하지요.

당시 태백산 신단수는 하늘의 기운이 내려와 넓게 퍼질 수 있는 구릉 지대였습니다. 구릉 지대 바로 옆에 있는 요하강을 따라 많은 기운이 흘러내려 가면서 이곳 주변을 따라 문명을 건설하기가 용이하였던 것입니다.

구릉 지대라고요? 태백산하면 매우 높은 산을 떠올리게 됩니다.

기운이 내려오는 곳이 꼭 산의 정상일 필요는 없습니다. 사람들은 높고 화려한 산이 명산이라 생각하지만 하늘문이 열리는 곳은 명산에서 조금 떨어진 곳에 위치한 경우가 대부분입니다. 높지 않은 작은 봉우리가 되는 경우도 많고요. 이것은 하늘의 기운이 내려오는 곳을 보호하기 위한 자연의 섭리라고 할 수 있습니다.

그래서 예전부터 수련하던 분들은 높은 산의 정상이 아니라 기운이 내려오는 곳을 찾아다니며 수행하셨던 것입니다. 그러나 보통 사람들의 경우 기운이 내려오는 곳과 올라가는 곳을 구분할 수 없으며 단지 몸에 느껴지는 감각만으로 강약을 구별하려 하기 때문에 흔히 말하는 명당이라고 하는 곳을 찾기 어렵습니다.

태백산 신단수는 넓은 지역을 오랜 시간 관할할 수 있을 정도의 많은 기운과 사람을 편안하게 하는 부드러운 기운이 있는 곳이었습니다.

그렇군요. 아주 중요한 내용이네요.

그렇죠. 많은 사람들이 태백산 신단수가 무엇인지 찾기 위하여 노력하지만 대부분이 못 찾고 추측만을 할 뿐이죠. 몇몇 학자들이 파장을 받아 유사한 곳을 찾아가기도 하지만요.

홍산의 기운이 요하로 흘러들었다고 하셨는데, 지금도 홍산에서 요하로 기운이 흐르고 있나요?

지금은 홍산의 기운이 많이 쇠하였습니다. 당시에는 가장 왕성하게 기운을 분출하였지만 지금은 자신의 역할이 끝났기 때문에 기운이 남아 있지는 않습니다. 멋진 산이지만 몇 천 년간을 그곳에 살던 인간들을 양육하고 지원하면서 기운을 모두 소진하였습니다.

그 역할은 홍산에서 백두산으로 흘러서 지금은 한라산으로 넘어가고 있습니다. 동이족은 백두산을 영산으로 부르지만 백두산은 지나간 과거입니다. 이제는 백두에서 한라로 기운의 판도가 넘어갔다고 보시면 됩니다. 그래서 다가오고 있는 시대를 모성의 시대, 여성의 시대라 하는 거죠. 제주는 예로부터 여성이 모든 주도권을 가졌던 곳입니다. 제주 여성들이 힘들게 삶으로써 강인하게 훈련된 것도 지금의 시대를 위한 준비였습니다.

이것을 직감적으로 알았던 몽골인들은 고려시대 때 제주를 원나라의 직할령으로 삼아 자신들의 중심지를 제주로 옮기고자 하였으나 시대를 잘못 맞춰 다시금 몽고벌판으로 돌아가야 했습니다.

몽골인들이 직감적으로 알았다니요?

몽골인들은 동이족의 후손입니다. 유목민족인 그들도 당연히 자신들이 정착해야 할 마음의 고향을 찾기 위하여 노력하였지만 안식처를 찾지 못하였던 것입니다. 그래서 계속적으로 이동과 침략을 하였다고 보시면 됩니다.

그렇군요. 요하와 몽골 주변에서 성장한 흉노, 돌궐, 몽골, 거란, 여진 등의 수많은 민족들은 끝없는 이동으로 세계 역사를 새로 쓰게 만들었는데요. 이들은 요하와 몽골 지역에서 성장하여 중원으로 진출하기도 하고, 일부는 중앙아시아로 진출하면서 많은 전설들을 만들었습니다.

그들 모두는 동이족의 후손입니다. 끝없이 이동할 수밖에 없었던 그들의 운명은 숙명이라고 할 수 있습니다. 그들의 이동으로 동이족의 뛰어난 문명이 서양과 아시아 전역으로 전염병처럼 퍼져 나갈 수 있었기 때문이죠. 그들은 단순히 문물만을 전달한 것이 아니라 사람과 사람의 교류를 통하여 동이족의 우수한 형질을 직접 전달하였습니다.

동이족의 우수한 형질을 직접 전달하였다는 건 무슨 뜻인가요?

동이족에게 있는 보이지 않는 정신세계를 끝없이 갈망하는 유전자를 전달하였습니다. 즉, 자신도 모르게 진화하고자 하는 욕구, 변화하고 발전하고자 하는 욕구를 전달한 것입니다. 물론 다른 인종들도 그런 특성이 있지만 동이족이 그런 특성을 가장 많이 가지고 있기에 이것이 전염병처럼 번진 것입니다. 이 영향으로 역사의 뒤쪽에 있었던 서양이 단시간에 동양을 추월할 수 있었던 것입니다.

서양의 백인들이 상단[11]이 발달한 몸을 가지고 있다고 하나 제대로 사용하지 못하고 있었는데, 동이족의 우수한 문물 즉, 동양의 문물을 접하면서 그들의 머리가 깨이기 시작한 것입니다. 이 영향으로 서양인들이 기원후 천 년

---

11) 단전丹田은 크게 상단上丹, 중단中丹, 하단下丹으로 나뉜다. 상단은 눈에서 뒤통수까지의 중간 지점 약간 뒤에 위치한다. 인간의 생각을 어느 방향으로 보낼 것인지를 결정하며, 지혜智慧를 관장한다. 중단은 양 젖꼭지를 연결한 중간 지점에 위치한다. 마음心을 관장하는 곳으로 중단이 곧 마음이다. 하단은 일반적으로 말하는 단전이며 몸의 정중심(상하, 좌우)에 위치한다. 기운이 쌓이는 기운의 저수지이자 정精을 관장하는 곳이다.

이후부터는 급속한 발전을 이룩할 수 있었습니다.

아주 재미난 사실을 알게 되었네요. 요하강 주변의 넓은 초원에서 유목민의 기질이 만들어지고 이것을 통하여 신문물이 뻗어 나갈 수 있었다는 것이군요.

그렇습니다. 그것이 환웅 선인께서 요하 지역에 자리를 잡으신 이유 중 하나입니다. 그곳은 어떤 지역으로든 뻗어 나갈 수 있는 열린 공간이었습니다.

한 가지 궁금한 것이 있습니다. 동북아에 있던 수많은 나라들이 흥망성쇠하면서 많은 역사서들이 만들어졌는데, 이 역사서들에 기록된 지명에 대해서 논란이 많습니다. 그 중에서 핵심 논란이 요하에 대한 위치 같습니다. 현재의 요하가 고조선이나 고구려 시대의 요하와 일치하나요?

지명이란 인간의 필요에 의하여 만들어지고 변경됩니다. 잘 알다시피 과거에 사용했던 이름을 그대로 사용하는 경우도 있지만 필요에 따라서 변경하는 경우도 종종 있습니다. 그런 의미에서 보면 요하는 변화가 있었습니다. 위에서 이야기한 요하문명은 지금의 요하를 의미하지만,

과거의 요하는 지금의 요하와 다릅니다.

사실인가요? 아주 중요한 사항이라 틀리면 안 돼요.^^

정말입니다. 지금의 요하는 당시의 요하와 다릅니다. 북경 북쪽에 있는 난하가 과거의 요하입니다. 하지만 시간이 지나고 수많은 나라가 생성소멸하면서 그들의 편의에 의하여 이름이 변경되었던 것입니다.

그럼 역사 속의 요동은 지금의 요동이 아닌 난하의 동쪽이 되나요?

그렇죠. 그러면 동이족 역사의 많은 수수께끼가 풀릴 것입니다.

이 부분은 아주 중요한 부분이라…. 사실이죠?^^

그럼요. 걱정 마세요.

그렇다면 역사서에 나오는 강들의 이름이 지금과는 상당히 다르겠네요.

네. 대동강, 압록강 등은 지금의 위치와 다릅니다. 조선을 건국한 이성계가 위화도 압록강에서 회군하였다고 하는 곳도 지금의 압록강이 아닌 지금의 요하 인근입니다. 수많은 군사들이 거주하고 진영을 꾸릴 수 있는 넓은 지역이 되지요.

그러나 고려의 몰락과 조선의 건국 과정에서 지금의 요동 지방이 모두 명나라로 넘어갔습니다. 이곳은 중국 본토와 거리가 멀어서 여진족이 성장할 수 있는 공간이 되었고, 이렇게 성장한 여진족이 후에 청나라를 건국할 수 있었습니다. 만약 조선 건국시에 계속 지금의 요동을 지배하였다면 역사가 상당히 바뀔 수도 있었으나 동이족에게는 시련의 계절이 필요하여 지금과 같은 지역 즉, 한반도로 영역이 축소될 수밖에 없었던 것입니다.

환웅 선인과
3천 무리

단군신화에서는 환웅 선인님이 무리 3천과 함께 오셨다고 하셨는데 무리 3천은 어떤 분들인가요?

무리 삼천은 몇몇 선인들을 제외하고는 대다수가 우주인이었습니다. 한 곳의 별에서 온 것은 아니고 3곳에서 지원하였습니다. 물질적인 분야를 지원하는 우주인, 정신적인 분야를 지원하는 우주인 등 다양한 분야의 전문가들이 지상에 파견되었습니다.

삼천이라는 숫자는 상당히 많은데요. 많은 분들과 함께 오신 이유가 있나요?

작은 일을 할 때는 혼자 모든 것을 할 수 있습니다. 그러나 지구에 새 역사를 만들고자 준비하는 것은 아무리 선인이라고 해도 쉽지 않습니다. 총책임자인 환웅 선인님을 지원할 분들이 필요했던 것입니다. 당시 인간들을 교육하며 문물을 전수하기 위해서는 다양한 조력자들이 필요했던 것이지요.

그래서 일부는 인간으로 태어났고, 일부는 기적인 상태로 지원하였습니다. 기적인 지원이 풍백, 우사, 운사[12] 정도로 알려졌지만 이것으로 지상에서 원하는 것을 이루기는 어렵습니다. 동물, 식물, 물, 산과 들 등 모든 것과 교류할 수 있는 다양한 전문가들이 필요하였던 것입니다.

환웅 선인님이 지상에 내려오실 때 어떤 상태였는지요? 또 함께 온 삼천 무리는 어떠했는지요?

환웅 선인님은 지구 인간의 모습으로 化하여 오셨습니다. 삼천 무리는 기적인 상태로 오신 분, 지구 인간의 모습으로 물질화하여 오신 분 등 분야별로 다양한 모습으로 함께 오셨습니다. 지원 그룹은 기적인 에테르체 상태로 오셨으며, 대민 부서에 있는 분들은 지구 인간의 모습으로 오셨습니다. 여기서 인간의 모습으로 왔다는 것은, 인간으로 태어난 것이 아니라 자신의 몸을 그대로 물질화시켜서 지구 인간의 모습으로 나타나신 것입니다.

그것이 지구에서 가능한가요?

그래서 사전에 협조를 받아서 와야 했습니다. 그 준비 기

---

12) 환웅이 인간 세계로 하강할 때 거느리고 왔다는 신으로 풍백風伯, 우사雨師, 운사雲師는 각각 바람, 비, 구름을 주관한다.

간이 필요했던 것이죠. 천부인 3가지 방울, 검, 거울은 바로 이런 것을 할 수 있도록 협약을 맺은 계약서라고 봐도 좋습니다. 천부인은 하늘과 땅, 땅속까지 다스릴 수 있는 협약서로 이 지상을 다스리는 데 필요한 세 개의 키를 의미합니다.

> 천부인은 단군의 아버지 환웅桓雄이 하늘의 왕인 환인桓因으로부터 받아 가지고 내려왔다는 3개의 인印이다. 풍백, 우사, 운사 혹은 천부경, 거울, 갑옷 등 많은 설이 있으나, 일반적으로 『삼국유사』에 나오는 청동방울, 청동검, 청동거울이라는 설이 지배적이다.

계약은 누구와 할 수 있었나요?

환인 선인님께서 지구를 관장하는 아스 선인님[13]께 허락을 받았고 해당 부서에서 지원해 주었습니다. 지구 전 지

---

13) 지구를 관장하는 선인으로 오랜 옛날 지구의 한 부분에서 태어나 지구의 일부로 존재하여 왔다.

역에서 할 수는 없었고, 동북아 지역에서 샘플로 실험할 수 있도록 허락하신 것입니다.

천부인 3가지가 지구에서 활동할 수 있는 계약서라고 하셨는데 이것이 방울, 검, 거울 세 가지로 전해진 이유가 무엇인지요?

천부인 본래의 내용이 전해질 필요는 없었지만 환웅시대의 대표적인 것을 알려드려야 했기에 상징적인 세 가지를 사용한 것입니다.

방울은 음악이며 파장을 다루는 것을 의미합니다. 당시 인간들은 물질적인 방법인 언어를 이용해서만 대화하는 경우가 많았기 때문에, 파장을 사용할 수 있도록 깨우는 것이 필요하였죠. 그래서 음악을 통하여 파장을 사용할 수 있도록 하고자 한 것입니다. 동이족이 노래를 좋아하게 된 것도 바로 파장을 사용하는 훈련 기법으로 노래와 악기가 사용되었기 때문입니다.

그리고 검은 석기시대에 금속문명을 전수하는 것을 의미합니다. 단순히 금속문명이라고 할 수도 있지만 이것은 물질을 다루는 능력을 의미합니다. 인간이 자연에 존재하는 물질을 가공하여 다양한 것을 만들 수 있도록 길을 열어주신 것입니다.

또 마지막으로 거울은 인간의 내면을 바라보라는 것입니다. 자신의 모습을 계속적으로 바라보고 자신을 갈고 닦으면 누구나 깨달음에 이를 수 있음을 알려주고자 한 것입니다. 지금은 거울이 자신의 외모를 바라보는 도구이지만 진정한 거울은 자신의 마음을 투영시켜 아무런 걸림이 없어야 하는 것을 의미합니다. 맑고 밝고 따뜻해져 아무것도 보이지 않는 투명한 마음 상태가 될 때 진정한 하늘 인간이 될 수 있음을 말씀하시고자 한 것입니다.

중요한 말씀이네요. 삼천 무리가 지상에 내려올 때 인간의 몸으로 왔다고 하셨는데 지구의 인류와는 어떤 차이가 있었나요? 지구 인류와 같은 형태의 몸이었나요?

삼천 무리에 지원한 우주인들의 별이 달라 본래의 모습이 모두 다르지만, 지구인들에게 거부감을 주지 않기 위해서 원주민들과 거의 비슷한 모습으로 왔습니다. 지금의 동이족과 비슷한 모습이었던 것이죠. 하지만 몸은 인간 본래의 기능을 모두 발휘할 수 있도록 최적화되어 있어서 기운을 조절할 수 있었습니다. 혈☆[14]이 열려 있는 상태였기 때문에 모든 것이 원활하게 흐를 수 있었고 원주민들과 쉽게 하나 될 수 있었습니다.

앞에 말씀하신 인간 본래의 기능이란 무엇인가요?

인간 본래의 기능이란 지구인들이 흔히 이야기하는 초능력입니다. 성경을 비롯한 여러 전설에 보면, 기본적으로 인간이 몇 백 년을 살았던 것처럼 본래 인간은 수명이 길었습니다. 그 이유는 인간은 본래 몸에 있는 혈과 우주에 있는 혈이 서로 연결되어 있어 우주의 에너지를 직접 받을 수 있는 구조로 되어 있었기 때문입니다.

하지만 지구에는 지구를 지키는 자기장과 중력이 작용하기 때문에 육체를 가진 인간이 본래의 기능을 발휘하

---

14) 기운이 모이는 곳으로 혈자리는 몸 안에서 기운을 유통시키기는 곳이다. 중요한 몇 군데 혈자리는 외부와 기운을 유통시키는 역할을 하고 있다.

기 위해서는 엄청난 노력과 힘이 필요합니다. 그러하기에 인간이 지구에서 오랜 세월을 물질 중심으로 살아오면서 마음이 폐쇄됨으로 인해 지금은 우주에 있는 혈과의 연결이 끊어져 본래의 기능들이 제대로 작동되지 못하고 잠들어 있습니다.

우주에너지를 직접 받을 수 있다는 것은 무엇을 의미하는지요?

우주에 존재하는 수많은 에너지는 음식을 통한 섭취가 아닌 다른 방법으로 인간에게 제공될 수 있습니다. 혈을 통해 우주의 에너지를 직접 받으면 적게 먹어도 되며, 음식을 소화시키고 활용하기 위한 에너지 소비를 줄일 수 있으며, 또한 연결된 우주의 에너지를 통하여 우주에 대하여 쉽게 알 수 있습니다. 흔히 이야기하는 초능력은 인간 본래의 기능 중 아주 일부입니다.

당시 하늘에서 내려온 분들은 그런 능력이 있었군요. 지상에 내려오실 때는 어떤 방법으로 오셨는지요? UFO를 이용하거나, 구름을 타거나, 그냥 아무것도 없이 내려오실 수도 있었을 것 같습니다.

함께 내려오신 분들은 굳이 우주선을 가져오지 않았습니다. 자연스럽게 몸으로만 내려왔습니다. 하늘을 나는 천사의 모습을 연상해 보세요. 이분들은 어떠한 도구의 도움이 필요치 않았습니다.

동이족의
우수한 DNA

우주인들이 문명을 전수한 다른 지역의 경우 보통은 그들 행성에서의 모습을 그대로 보여주는데, 동이족에게 내려온 분들은 왜 지구인의 모습으로 왔는지 궁금합니다.

다른 지역에 우주인들이 건설한 문명과 환인 선인께서 직접 지휘하시는 프로젝트는 차원이 달랐습니다. 그래서 지금까지와는 다른 문명을 건설하면서, 우수한 DNA를 직접 전수하기 위해 가장 인간적인 모습으로 내려오신 것입니다. 새로운 종자를 심는다는 표현이 적절한 것 같네요.

지구 인류의 역사를 새롭게 써야 할 역할이 있는 동이족이 당시 지구에 살고 있던 인류와 이질적인 모습이었다면 후세에 어떤 말들이 나올까요? 당연히 새로운 신의 등장으로 생각하겠죠. 그러나 같은 모습을 하고 있기에 자연스럽게 받아들일 수 있고 때론 무시할 수도 있고요.

이것이 바로 선계의 방식인 것 같습니다. 진화의 정도는 얼마나 자연스러운가에서 차이가 나는 것 같습니다. 우리 우주인들은 지구인들에게 위기가 왔으니 우리가 구해주겠다며 우주선을 직접적으로 보여주기도 하고 거대한 유적을 만들어서 보여주기도 하지요. 결과적으로 동이족은 지구에서 이질적이지 않지만 특이한 신화를 가지고 있는 민족입니다.

조금 전 우수한 DNA 전수를 말씀하셨는데 이것은 어떤 방법으로 지구에 정착할 수 있었나요?

단군신화에서 웅녀가 환웅 선인님의 부인이 되듯이 동이족의 형질은 물질인 몸을 통하여 전해진 것입니다. 즉, 결혼을 통하여 전수되었다고 보시면 됩니다. 전혀 이상하지 않은 자연스러운 방법이죠. 예수님의 경우 모성세포를 외부에서 자극하여 임신이 되었다고 하는데, 이것은 특이한 케이스입니다. 그러나 동이족은 인간이 할 수 있는 가장 손쉬우면서 가장 자연스러운 방법으로 자신들의 DNA를 전수한 것이죠.

그렇군요. 동이족 조상들의 우수한 DNA는 현재 어느 정도 유전되어 내려오고 있나요? 오랜 시간 동안 다른 민족과 교류함으로써 여러 DNA가 혼재할 것으로 보이는데요.

유목민족인 동이족은 여러 곳으로 뻗어 나갔지만 결국 정착한 곳이 현재의 만주와 한반도입니다. 동이족 중 일부가 일본과 중국 본토로 이동하였다가 다시 한국으로 들어오기도 하고, 또 먼 동남아에서 들어온 인류와 교류하여 혼혈인이 되기도 하였습니다. 수천 년이 지났는데 그런 역사가 없다는 것은 거짓일 것입니다.

그러나 특이한 것은 동이족의 형질이 우성優性이라는 것입니다. 서로 다른 DNA가 만나면 언제나 우선하도록 되어 있습니다. 그래서 지금까지 동이족의 DNA는 비교적 온전하게 잘 보존되어 오고 있습니다. 다른 인종들의

DNA는 서로 혼재되어 새로운 형질이 되는 경우도 있지만 동이족은 그렇지 않았던 것입니다.

이것은 창조의 법칙으로, 우성과 열성 중 동이족에게는 우성을 부여하였기 때문에 가능한 것입니다.

홍산문명의 유물

홍산문명에 대해 몇 가지 더 질문을 드리겠습니다. 홍산문명으로 총칭하고 있는 몇몇 유적지에서는 시대별로 다양한 유물이 나왔는데 이 유물 모두를 동이족의 역사로 볼 수 있나요?

넓은 의미에서는 동이족의 역사에 포함됩니다. 동이족의 역사 중에 홍산문명은 기원전 4~5천 년 전에 그 꽃을 피우기 시작했다고 보시면 됩니다.

홍산문명에서 발견된 여신상은 어떤 의미가 있나요?

고고학자들은 해당 유물을 여신이라고 하지만 사실 그것은 여신이 아닙니다. 여신처럼 보이지만, 당시 하늘에서 내려왔던 신들 중 일부의 모습을 형상화한 것입니다. 외형은 인간의 형상이지만 능력 면에서는 곰과 호랑이가 되고자 한 인간인 천인天人을 표현한 것이기도 합니다. 완벽한 능력을 소유한 인간인 것이죠.

여신상에는 그러한 인간이 되고자 하는 당시 인간들의 염원이 담겨 있습니다. 웅녀는 단순히 천인이 된 케이스가 아닙니다. 인간이 신이 된 첫 번째 케이스로서, 그녀는 당시 사람들에게 존경을 받는 롤모델이 되었던 것입니다.

또 한 가지는 궁금한 것은 홍산문명에서 발견되는 것은 옥제품입니다. 가공된 옥제품의 완성도가 매우 높아 만일 현대의 장인들이 수작업(장비 사용)으로 제작한다고 해도 한 달 정도는 걸릴 것이라고 합니다. 당시 사람들이 어떻게 그런 정밀 가공기술이 있었는지 궁금합니다.

당시 인간들이 가진 기술로 그런 유물을 만든다는 것은 어불성설입니다. 당시의 돌로 가공한다면 학자들이 생각하는 것처럼 최소 1년 이상이 걸릴 것이고, 완성도가 그렇게 높지 못할 것입니다.

그러나 하늘에서 내려온 사람들에 의하여 가공되었기 때문에 어렵지 않게 많은 제품들을 생산할 수 있었습니다. 지금보다 뛰어난 과학기술은 아니지만 생활에 필요한 것들을 만드는 기술은 18~19세기 정도의 수준이었습니다. 그렇게 발달된 기술들이 후에는 사라졌지만 당시에는 상당한 기술력이 있었던 것이죠.

문명은 자연스러운 발전으로 생기는 게 아닙니다. 우주에서 지구인들에게 내리는 선물을 통하여 폭발적인 발전을 할 수 있는 것입니다.

홍산문명에서 발견된 여신상과 옥제품 (국학 학술원 제공)

홍산문명은 중국 만주 지역에 존재했던 신석기시대의 문화이다. 연대는 기원전 4,700년~기원전 2,900년경으로 추정되며, 배달국시대의 대표문화로 내몽골 자치구 적봉시 동북쪽에 있는 홍산紅山 인근 유적에서 유래하여 '홍산문명'이라고 명명되었다.

홍산문화에서는 옥문화가 발달하여 여러 유적지에서 정교한 무늬의 옥기玉器가 대량으로 출토되었다. 또한 여러 유적에서 많은 여신상과 여신묘가 출토되었는데, 이는 당시의 모권제사회가 반영된 것이라고 할 수 있다. 당시에는 여성을 신격화하여 숭배했으며, 그 지위도 상당히 높았던 것으로 보인다. 특히 우하량 유적에서 발견된 여신상이 유명한데, 옥을 둥글게 다듬어 만든 눈동자를 부릅뜨고 있으며 가부좌를 튼 채 두 손을 다소곳이 모은 모습을 하고 있다. 이것은 모든 씨족집단을 거느리고 군림하는 여신의 모습을 나타내는 것으로 추정하고 있으며, 아주 큰 사당에 모셔져 있었다.

이러한 홍산문명은 황하문명보다 2,000년 이상 앞선 것으로, 중원의 문명과는 분명하게 구별되고 있다. 특히 홍산문명 유적에서는 중원 지역에서 발견되지 않는 빗살무늬 토기가 발견되는데, 이것은 한반도에서도 발견되어 요하 일대의 신석기를 주도한 세력이 한반도 선주민들과 연결된 사람들이었음을 말해준다. 또 고인돌, 적석총, 비파형 동검 등 중원 문화권에서 발견되지 않은 홍산문명 유물들이 한반도에서는 많이 발견되는 것도 이를 뒷받침해주고 있다.

하지만 중국은 1980년대 이후 '현재의 중국영토 안의 모든 민족과 역사는 중국민족이고 중국의 역사'라는 '통일적 다민족 국가론'을 바탕으로, 중원 문화와는 이질적인 홍산문명을 중화문명의 시발점으로 삼아 논란이 되고 있다. 홍산문명의 주인공이 중국 황제족의 후예라고 주장하여, 그들이 부여, 고구려, 발해 등을 세웠다는 논리를 펴고 있는 것이다.

환웅 선인님이 전수한 천부인 세 가지, 청동방울, 청동거울, 청동검은 금속을 제련하여 만들었던 것들입니다. 동이족은 언제부터 금속을 제련하여 사용하기 시작하였는지요?

동이족이 금속을 사용하기 시작한 것은 기원전 6천 년보다 오래됩니다. 역사의 기록인 BC 2,000~1,500년과는 차이가 날 수 있는데요. 당시 지구에 살았던 사람들은 제련기술이 없었고, 하늘에서 내려온 사람들만이 기술을 소유하다가 기원전 6천 년 전부터 지구인에게 전수해 주었습니다. 그 제련기술은 주변으로 급속하게 전파되었습니다.

그렇군요. 동이족 계열은 비파형 청동검[15]을 사용하였지만 중국 한족은 다른 형태의 청동검을 사용한 것이 출토된 유물로 확인되고 있습니다. 한족이 청동검을 만들 수 있게 된 것은 언제쯤인가요?

그들이 동이족에게 고급기술이었던 제련기술을 배운 것은 기원전 4천 년쯤입니다. 이때 만들어진 것이 지금 발견되는 유물의 기원이라고 보시면 됩니다.

역사란 참으로 알다가도 모를 일입니다. 당시는 석기시대로 추정되는데 금속을 사용하는 문명이 갑자기 나타난 것으로 보아야겠네요.

그렇습니다. 문명은 점진적으로 발전하는 것이 아니라

---

15) 청동기시대의 대표적인 무기의 하나인 동검으로 검날의 모양이 비파와 유사하다고 하여 붙여진 명칭이다. 주로 만주에서 한반도, 요녕에 걸쳐 출토되고 있다.

외부 존재의 개입에 의해 폭발적으로 발전하고 그 후 느리게 성장하는 것이 특징이라고 할 수 있습니다. 당시에 금속을 사용한다는 것은 혁명 중의 혁명이었죠. 무엇보다 대단한 것은 자연을 이용할 수 있는 여러 가지 기술들이 전수되어 식량을 생산하고, 자연의 혹한 환경에서 벗어나 추위로부터 보호받을 수 있게 된 것이었습니다.

3부

단군시대의 시작

★ ★ ★

곰과 호랑이는 상징적인 표현으로, 실제 동물을 말하는 것이 아닙니다. 곰과 같은 성질을 가진 인간, 호랑이와 같은 성질을 가진 인간을 상징적으로 비유한 것이죠. 둘 다 동굴생활을 시작했지만 성격과 끈기의 차이로 인하여 곰만이 참인간이 된 것입니다. 곰과 호랑이가 되고자 했던 참인간이란 천인天人을 의미합니다. 천인이란 하늘에서 내려온 인간, 즉 신을 의미하기 때문에 아무나 될 수 없고 아무나 되어서도 안 되는 존재이지요.

단군시대의
시작

단군신화에는 환웅과 단군이라는 두 분의 인물이 크게 부각되는데요. 환웅시대와 단군시대의 차이점이 있나요?

환웅시대와 단군시대의 차이점은 무엇보다 시기적인 차이가 있습니다. 환웅시대는 지구에 새로운 문명을 전달하는 초창기라 지구 본래의 모습이 많이 남아 있었기 때문에 인간의 본성이 오염되지 않아 물질에 매이지 않았습니다. 그래서 인간들이 최소 몇 백 살은 살 수 있을 정도로 수명이 길었습니다. 물론 모든 지구인이 그런 것은 아니고 동이족 등 우수한 형질을 가진 인간들은 본래의 기능을 그대로 발휘할 수 있었기 때문에 가능했습니다.

하지만 오랜 세월이 흐르면서 인간들이 욕심이 많아지고 물질에 매이기 시작하면서 인간 본래의 기능이 사용되지 못하고 퇴화하고 있어서 이것을 복원할 필요가 있었습니다. 또한 우수한 동이족의 문화가 주변으로 전파되어 점차 문명의 수준이 평준화되고 있어서 여러 종족이 패권을 다투기 시작했다고 해야 할까요? 동이족과 주변의 많은 종족들이 서로 충돌하는 경우가 많아 새로이 시대를 정비할 필요가 있었던 것입니다. 그래서 동이족의 DNA를 새롭게 복원하여 새로운 시대인 단군시대를 열었던 것입니다.

단군신화에 보면 곰과 호랑이가 환웅 선인님을 찾아와서 인간이 되게 해달라고 합니다. 여기서 곰과 호랑이는 어떤 존재인가요? 어떤 학자들은 곰을 숭배하고, 호랑이를 숭배하는 부족이라고 합니다.

곰과 호랑이는 상징적인 표현으로, 실제 동물을 말하는 것이 아닙니다. 전설에서는 곰과 호랑이로 표현했지만 이것은 당시에 지구에 살고 있는 인간의 특성을 의미합니다. 곰과 같은 성질을 가진 인간, 호랑이와 같은 성질을 가진 인간을 상징적으로 비유한 것이죠. 둘 다 동굴생활을 시작했지만 성격과 끈기의 차이로 인하여 곰만이 참인간이 된 것입니다. 호랑이는 마음을 가라앉히지 못하고, 인내하지 못한 것이죠.

곰과 호랑이가 되고자 했던 참인간이란 천인天人을 의미합니다. 천인이란 하늘에서 내려온 인간, 즉 신을 의미하기 때문에 아무나 될 수 없고 아무나 되어서도 안 되는 존재이지요.

곰과 호랑이는 쑥과 마늘만 먹으며 100일 동굴생활을 하였는데, 쑥과 마늘로 단식을 하게 한 이유가 있는지요?

인간의 몸은 육식을 함으로써 많이 오염되고 있습니다. 당시에도 육식을 많이 한 것은 아니지만 육식으로 인하여 피가 오염되고, 동물의 습성이 인간에게 일부 전이되는 현상들이 발생하였습니다. 그래서 몸과 마음을 정화하여 순수한 상태로 만들기 위해 처방을 내린 것입니다.

쑥과 마늘은 에너지가 응축된 식물로서 이것은 체질에 관계없이 식사를 조절하고 마음을 조절하도록 하기 위한 처방이었습니다. 다른 식물이 될 수도 있었지만 몸의 기력을 유지해야 성공할 수 있는 것이 단식이며 금촉禁觸이기 때문에 에너지 보충을 위해 선택한 식품이라고 보시면 됩니다.

금촉이라고 하셨는데 금촉에 대한 자세한 설명 부탁드려요.

금촉이란 생활하면서 겪는 많은 일과 주변과의 교류를 중지하고 온전히 자신에게만 집중할 수 있도록 하는 고도의 수련법입니다. 이런 수련을 하기 위해서는 특별한 각오가 있어야 하며 많은 준비 기간이 필요합니다. 준비되지 않은 상태에서 하는 경우 기력만 소비하고 중도에 탈락하는 일이 발생할 수 있기 때문이죠.

곰은 겨울에 겨울잠을 자죠. 이것은 몇 개월을 참으며 살 수 있는 끈기를 의미합니다. 여름과 가을 동안 몸에 지방을 충분히 비축하였다가 먹을 것이 없는 겨울에는 에너지 소비를 줄이기 위하여 활동을 중지하는 동면을 하는 것입니다. 이런 특성을 가지고 있는 사람이 곰으로 형상화되어 신화로 내려온 것이라 보시면 됩니다.

반면 호랑이는 넓은 영역에서 활동하며, 평소에는 유순하지만 상황에 따라서 폭발하는 힘을 가지고 있습니다. 그래서 동물의 제왕이 될 수 있는 것입니다. 순간적으로 힘을 폭발시켜 사냥하고, 계절에 관계없이 넓은 영역에서 생활하는 것이 특성이니 움직일 에너지도 공급되지 않는 좁은 동굴에서의 금촉은 참을 수 없었던 것이죠.

그렇게 설명해 주시니 신화가 이해됩니다. 곰과 호랑이를 숭배하는 부족이 아니라 곰과 호랑이와 비슷한 성격을 가진 사람이군요.

그렇습니다. 그래서 평소 성격에 따라서 누구는 성공하여 천인 즉, 참인간이 되고 누구는 자신의 성격을 주체하지 못하고 밖으로 돌아가는 것이죠.

어찌 보면 남녀를 비유하는 것 같습니다.

네. 남자와 여자의 성격을 비유하는 것도 될 수 있습니다.

또한 환웅 선인님은 하늘에서 왔기에 음양陰陽으로 치면 양이고, 곰은 지상에서 사는 존재였기 때문에 음을 상징하게 됩니다. 음과 양이 만나 하나의 새로운 생명체가 탄생하게 되는 것이죠. 이것은 인간이 태어나는 에너지의 원리를 부연 설명하는 것도 됩니다.

음양이 만나 움직임이 발생하는 태극이 되는 것, 새로운 생명으로 단군이 태어나는 것, 즉 새로운 시작을 위한 토양이 되는 것이 바로 단군신화의 특징이라고 할 수 있습니다. 단군신화는 보는 시각에 따라 다른 해석이 될 수 있지만 현 인류 역사의 기원을 설명하는 귀중한 신화라고 보시면 됩니다.

단군신화의 인류사적 가치

곰과 호랑이 중 곰만이 인간이 되었는데 이것이 주는 의미나 중요성이 있는지요?

아주 중요한 질문입니다. 곰은 참을성이 많은 성격을 의미한다고 말씀드렸는데요. 금촉수련을 통하여 자신의 모든 것을 변화시켜서 천인이 되었다는 것은 하늘에서 내려온 환웅과 같은 존재로 변화되었다는 것을 의미합니다. 즉 지구에 사는 인간들이 하늘 인간처럼 변화될 수 있다는 희망을 보여준 인류사적 가치가 있습니다.

만약 곰과 호랑이 중 아무도 인간이 되지 못하였다면 이것은 곧 다가올 지구의 대변화 시기에 인간이 차원 상승[16]에서 성공할 수 없음을 의미하는 것입니다. 그러나 곰은 성공하였습니다. 즉, 지구 인류가 수련을 통한 진화로 차원 상승이 가능함을 증명하였던 것이지요. 이는 인류에게 희망을 보여준 큰 사건이었습니다.

아, 그렇군요. 웅녀를 통해 인간이 차원 상승이 가능함을 증명하였다면 그 후 어떤 일들이 벌어졌나요?

인간이 동물과 같은 수준의 존재에서 수련으로 자신의

---

16) 자세한 내용은 『위기의 지구, 희망을 말하다』 p.54 참조.

모든 것을 변화시켜 천인이 될 수 있음을 증명하였기 때문에 다른 보통의 인간들도 가능성이 있게 된 것입니다. 그래서 환웅 선인께서 천인이 되는 방법을 인류에게 전수하였습니다. 한국과 중국 등에서 비전祕傳되어 내려오는 선도수련이 바로 이것을 의미합니다.

이것이 성공하지 못하였다면 인류에게는 단순히 물질문명이 발전할 수 있는 방법만 전수되었을 것입니다. 그러나 정신적인 차원 상승이 가능함을 증명하였기 때문에 그 방법들이 전수된 것이죠. 또한 많은 종교를 통하여 보다 높은 차원의 세계가 존재함을 암묵적으로 알려주었습니다.

그렇다면 인간이 된 웅녀에게서 태어난 단군은 어떤 분인지요?

웅녀는 곰에서 인간이 된 사람입니다. 이것은 지구에서 수련을 통하여 깨달음을 얻을 수 있다는 것을 보여준 것이라고 말씀드렸죠. 처음에 수련은 지상에 내려온 선인님들이 본래의 능력을 회복하기 위하여 하신 것입니다. 이 분들이 점차 주변에 있는 원주민들에게도 수련의 방법을 알려주시면서, 원주민들은 수련을 통하여 일정 단계의 깨달음을 얻을 수 있음을 알게 되었습니다.

단군은 지상에서 인간의 몸으로 태어나 본래의 능력을 회복하신 선인인데, 새로운 시대로 구분하기 위하여 단군이라는 칭호를 사용한 것입니다. 역사서에 나오는 것처럼 환웅의 아들 중 새롭게 나라를 세우고 기틀을 잡으신 분이지요. 웅녀의 아들이라고 할 수 있는 것은 깨달음으로 천인의 능력을 가진 인간을 통하여 태어나셨기 때문입니다.

네. 단군이 세운 고조선의 도읍지는 평양으로 되어 있는데 이곳은 어느 지역인지요? 현재의 요하 인근인지요, 아니면 황하 지역(산서성 인근)인지요?

환웅시대에는 점차 세력을 확장하여 요하강 주변에서 산동 지역까지 범위를 넓혔습니다. 이때 황하 이남으로 이동한 중국 한족에게도 선진 문물이 전파되어 한족도 많은 발전을 하게 됩니다. 그러면서 황하를 사이에 두고 북쪽은 동이족의 터전이 되고, 남쪽은 한족의 터전이 되었

습니다. 그러다 산동까지 동이족이 확장하면서 한족은 내륙 쪽에서 더 이상 황하 하류로 확장을 못하게 됩니다.

이 지역이 계속적으로 환웅시대에서 고조선시대, 삼국시대까지 이어져 내려오게 됩니다. 동이족은 계속적으로 요하 인근에서 세력을 확장했지만, 지역은 홍산 일대를 시작으로 점차 동쪽으로 이동하였습니다. 지금의 요동 지역에 새로운 도읍을 정하고 고조선을 시작한 것입니다.

그렇군요. 마지막으로 단군신화의 인류사적 가치가 있다면 무엇인지요?

단군신화는 유대신화와 함께 하늘에서 내려오는 존재를

그 시원으로 합니다. 다른 민족들의 신화는 대부분 지상의 동물들이 그 민족의 시원이 되는데, 두 신화는 특이하게 하늘에서 내려온 존재를 전면에 배치하고 있습니다. 이것은 동이족이 하늘을 무엇보다 잘 알고 있으며, 하늘을 쉽게 받아들일 수 있는 민족이라는 의미입니다.

한국은 전 세계 종교사에서 유례를 찾아볼 수 없는 곳이라고 하죠. 모든 종교가 들어오면 흥행하는 곳, 그것이 문제가 되는 곳이 바로 한국입니다. 하지만 새로운 문물과 함께 들어온 종교를 자신들의 것으로 쉽게 받아들일 수 있는 밑바탕에는 하늘이 동이족 태생의 기원이라는 원인이 있습니다. 이런 특성이 없었다면 한 개 정도의 종교는 들어와서 성공할 수 있어도 주요 종교가 모두 흥행하여 성공할 수는 없었겠죠.

고구려의
건국신화와 인물들

이번에는 고구려 건국신화에 나오는 인물들에 대해서 문의하고자 합니다. 고구려를 건국한 주몽은 해모수의 아들로 나옵니다. 해모수는 천제天帝의 아들이며 오룡거五龍車를 타고 내려왔다고 하는데, 해모수는 누구인가요?

해모수를 알기 전에 먼저 생각해보아야 할 것이 있습니다. 각 건국신화는 그 민족의 경험을 토대로 만들어집니다. 어떤 경험을 했는가가 픽션 형태로 나타나지만 대부분이 실제 사건을 표현했기 때문에 잘 살펴보면 어떤 존재들인지 알 수 있습니다.

고구려는 한민족의 핏줄을 계승한 나라입니다. 환인, 환웅, 단군의 시대가 지나고 새로운 시대를 맞이하게 되는데 이때는 동이족의 힘이 많이 쇠한 시기이자 중국의 시원이 되는 한족이 점차 힘을 비축하면서 태동하는 시기이기도 하죠.

해모수는 천제의 아들이라고 했는데 이는 동이족 전통을 계승한 후예라는 것을 의미하기도 합니다. 해모수의 아버지 천제는 인간이 아닌 동이족을 주관하고 있는 환인 선인님을 의미합니다. 꼭 환인 선인님이 아니어도 동이족을 거쳐 간 많은 선인님들이 당시 천제라는 칭호로 불렸기에 천제는 선인님들을 의미합니다.

해모수는 헤로도토스인으로 기적인 차원의 우주인이라 보시면 됩니다. 또 해모수가 지구에 내려와 새로운 시대를 준비할 수 있도록 헤로도토스인들이 지원하는 역할을 담당했으며, 오룡거는 우주선을 의미합니다. 오룡거는 대기권에 머물면서 필요시 물질화하여 모습을 보여줄 수 있었죠.

주몽은 헤로도토스 우주인들이 지원한 기운과 세력으로 고구려를 건립할 수 있었습니다. 물고기들이 다리를 만들었던 것도 모두 이러한 지원이 있었기 때문에 가능했으며, 주몽은 기적인 지원과 함께 당시의 선도수련을 통해서 보다 쉽게 자신의 역할을 찾을 수 있었습니다.

신화에 나오는 하백은 용궁의 지원을 받으며 성장하고 있던 해양 세력 중 하나입니다. 갑자기 해양 세력이라 하니 당혹스럽게 느껴지실 것입니다만 앞으로의 시대를 준비하기 위한 동이족의 DNA 융합이라고 보시면 됩니다.

그럼 우주인들이 동이족의 여러 분파들을 재결합시키기 위한 방법으로 시행한 결혼이라고 보아야겠군요.

맞습니다. 하늘 세력의 지원을 받는 주몽과 해모수, 그리고 지상에서 해양 세력의 지원을 받는 하백과 유화의 결합이라고 보시면 됩니다. 이들 세력은 하나 되는 결합을 통해서 새로운 시대를 준비한 것이죠. 여러 건국신화에서 기적奇跡이라 표현하는 것들이 많이 나오는데, 이것은 대부분 우주인들의 지원으로 가능한 것입니다. 또한 기적의 종류는 각각 지원하는 우주인들이 다르기 때문에 건국신화마다 다릅니다.

헤로도토스에서 고구려 건국을 위해 지원했다고 했는데 어떠한 목적이 있었는지요?

동이족의 원류에는 최고 수준의 우주인인 헤로도토스인들의 계속적인 지원과 보호가 있었습니다. 고구려를 통해서 동이족이 계속 역사를 이어갈 수 있도록 지원한 것이죠. 당시는 단군에 의해 세워진 고조선이 멸망하고 사회가 무척 어지러웠습니다. 부여가 있었지만 제대로 정착 단계로 가지 못하였기 때문에 동이족이 있는 북방 지역을 관리할 나라로 고구려를 만들었던 것입니다.

하나의 사상이나 나라를 만들기 위해서도 다양한 우주인들의 개입이 있었던 것이군요. 그럼 중국은 어떤 우주인들의 지원을 받았나요?

중국이 우주인들의 지원을 받았던 적이 몇 번 있었습니다. 물질 부분은 주로 시리우스[17]를 포함한 타 별과 그 추종 집단에 의해서 지원을 받았지요. 여기서 중국이란 한족을 의미합니다.

플레이아데스에서도 동양에 관여한 문명이 있나요?

---

17) p.216 '지구와 헤로도토스 소개' 참조.

플레이아데스에서 동양 특히 동북아에 관여한 경우는 많지 않습니다. 우리는 서양에 보다 많은 영향을 미쳤습니다. 동양 중 동북아는 주로 헤로도토스에서 주관했다고 보시면 됩니다. 이것은 그만큼 동이족이 할 일이 많다는 것을 의미하기도 합니다.

주몽이란 이름에는 활을 잘 쏘는 사람이라는 뜻이 있고, 동이족 자체가 활을 잘 쏘는 민족이라는 뜻이 있다고 하는데 활이 의미하는 바가 있는지요?

활은 정신 집중을 의미합니다. 단순히 힘만으로 할 수 있는 것이 아니지요. 동이족이 동북아와 유럽을 장악할 수 있었던 것은 말을 통한 기마전술과 먼 거리를 명중시킬 수 있는 활이 있었기 때문입니다. 오늘날로 보시면 활은 장거리 미사일과 같습니다. 활을 만들고 쏘는 것 자체가 심신 수련법이며 마음의 집중도를 의미합니다. 국궁國弓이 정신수양의 도구로 사용되었다고 보시면 됩니다.

동이족은 활을 통해서 정신수양을 하고 주변을 압도하는 실력을 가질 수 있었군요.

그렇습니다. 동이족이 처음으로 활을 사용하였으며 가장 성능이 좋은 활을 만들 수 있었습니다. 다른 나라에서도 활이 사용되었지만 성능 면에서 비교할 수 없었죠.

● 고구려 건국신화 : 물의 신 하백의 딸 유화가 목욕을 하다가 천제의 아들인 해모수의 꼬임에 빠져 몰래 결혼을 하였다. 하지만 해모수는 오룡거(다섯 마리의 용이 끄는 수레)를 타고 떠나버렸고, 유하는 하백에게 쫓겨나 떠돌다가 부여의 왕인 금와왕을 만나게 되었다. 금와왕은 유화를 부여로 데려왔는데, 어느 날 유화의 방에 햇빛이 비치더니 그녀는 큰 알을 낳게 되었다. 왕은 해괴한 일이라고 여겨 그 알을 버렸지만 오히려 동물들이 감싸주거나 피하자 결국 다시 궁궐 안으로 가져왔다. 며칠 뒤 알이 깨지면서 한 사내아이가 태어났는데 이 아이는 7살이 되자 활과 화살을 스스로 만들고 활도 잘 쏘아서 이름을 주몽이라고 하였다. 부여에서는 활을 잘 쏘는 사람을 주몽이라고 하였기 때문이다.

주몽은 모든 면에서 출중하고 영특하여 금와왕의 왕자들로부터 시샘을 받았고, 이에 오이, 마리, 협부의 세 친구와 함께 부여를 떠났다. 왕자들의 군사들에게 쫓긴 주몽이 강 앞에서 자신이 천제의 아들이며 하백의 손자라고 외치니, 강에서 자라와 물고기들이 다리를 만들어주어 무사히 강을 건너 졸본 부여에 도착할 수 있었다. 졸본 왕은 주몽의 뛰어남을 알아보고 사위로 맞았다. 그리고 졸본 왕이 죽자 주몽이 왕위에 올라 고구려를 세웠다.

부여가 성장하지
못한 이유

부여가 제대로 성장하지 못하여 고구려가 건국되었다고 했는데, 어떠한 이유가 있었나요?

부여가 건국된 것은 고조선 말기입니다. 당시 고조선이 쇠하면서 주변에서 여러 나라가 성장하고 있었고, 고조선 내부에서도 많은 문제들이 발생하였습니다. 그러면서 연방체제였던 고조선은 자연스럽게 해체되고 있었고요. 이때 빠르게 성장한 나라 중 하나가 부여였지만, 부여의 위치가 백두산보다 상당히 북쪽에 있었기 때문에 성장에는 한계가 있었습니다.

그러나 이곳을 선정한 이후로는 이동하기도 쉽지 않았죠. 이미 나라가 안정 단계로 접어들었기 때문입니다. 이곳은 요하(지금의 요하)의 지류에 연결되었으나 요하는 이미 기운이 쇠하여 지나간 영광만 남아 있을 뿐 새로운 힘을 형성하기에는 부족하였습니다. 요하의 강하던 기운이 고조선의 멸망과 함께 그 힘을 다하였던 것이지요.

그 기운이 점차 백두산으로 이관되면서 이곳을 중심으로 하는 새로운 나라가 필요하였습니다. 자연스럽게 이곳을 선점한 것이 바로 고구려이고요. 우연을 가장한 필연이라고 할 수 있습니다. 풍수風水를 미신으로 생각할 수 있으나 한 나라의 수도가 되기 위한 조건으로 가장 중요한 것이 바로 풍수라 할 수 있습니다. 나라와 문명이 생성된 곳은 그만한 기운을 가지고 있으며 이것을 잘 활용할 경우 빠른 성장을 할 수 있는 것이죠.

고조선까지는 선인들에 의한 신화의 시대였지만, 그 후에 건국된 나라부터는 인간이 스스로 개척해야 하는 시대였습니다. 처음에 인간 세상에 전하였던 정신문명이 점차 약화되고, 인간이 물질 중심적으로 흐르면서 여러 지역에서 많은 나라들이 흥망성쇠를 반복하였던 것이죠.

백두산 유역은 새로운 힘을 생성시키는 장소라 이곳에 중심을 두었던 많은 세력들이 힘을 받아서 빠르게 성장할 수 있었습니다. 그래서 발해와 말갈, 여진 등이 고구려의 땅을 차지할 수 있었던 것이죠. 고려 또한 지금 알려져 있는 것과는 달리 만주 지역의 상당 부분을 차지하고 있었습니다. 모두 백두산의 에너지가 뒷받침되었기 때문이죠.

고려시대까지 동이족 힘의 원천은 백두산이었지만, 이러한 힘은 조선시대로 넘어오면서 점차 한라산으로 이관되었으며, 6.25전쟁 이후 완전히 이관되어 한라의 시대로 접어들었습니다. 강성하였던 북한이 점차 힘을 잃은 이유는 이것이며 남한이 빠르게 성장할 수 있었던 이유도 새롭게 뻗어 나오는 한라의 에너지가 뒷받침되었기 때문입니다.

미국이 전 세계를 제패할 수 있었던 것도 바로 아메리카의 넘치는 기운을 지원받아서이지만 이 기운이 점차 다른 지역으로 즉, 아시아로 이동되면서 미국은 점차 힘을 잃어가고 있습니다. 이 기운이 일본과 한국을 지나 중국으로 넘어가면서 이들 세 나라가 빠르게 성장을 할 수 있었습니다. 전 세계적인 기운의 흐름과 한반도에 흐르는 기운의 영향이 서로 복합적으로 작용하여 한국은 전 세계에서 유례가 없을 정도로 빠르게 성장할 수 있었던 것이죠.

문명이 빨리 성장하려면 2~3가지 조건이 맞아야 하는데, 그것은 외부의 진화된 존재의 도움과 지구 자체의 에너지 흐름에 편승하는 것입니다. 이 두 가지가 적절히 만났을 때 그 지역에 거주하는 사람들은 자신도 모르게 빠른 성장을 경험할 수 있게 되죠. 또 이것을 잘 활용하는 사람을 영웅이라고 합니다. 기운 즉, 신바람을 활용할 수 있어야 하는 것이죠. 그래서 영웅은 때를 잘 만나야 한다는 것입니다.

부여는 고조선시대 말에 만주 서북부에 세워진 부족 국가이다. 동이족의 고대 국가로 여겨지는 초기 국가들 중 하나로, 기원전 2세기경부터 494년까지 존속한 예맥족계系의 연맹왕국이다. 지금의 쑹화강 유역을 중심으로 지금의 만주 일대를 지배한 것으로 여겨지고 있다.

부여는 대평원 지대에 자리 잡고 있어 외침을 방어하기가 어려웠다. 그래서 285년 선비족의 모용씨慕容氏에 의해 수도가 함락되어 부여 왕실은 옥저로 피난하게 되었다. 후에 다시 나라를 회복했지만, 346년 연왕燕王 모용황慕容皝의 공격과 494년 물길勿吉의 압박으로 왕실이 고구려에 항복하면서 완전히 멸망하였다.

4부

동이족의 문화유산

★ ★ ★

장군총은 고구려 장수왕이 태왕 사후에 승천한 태왕을 기리기 위해 만든 제사 시설로 신전입니다. 장군총의 모습이 현재까지 그대로 보존된 것은 신전으로서의 역할이 있기 때문입니다. 지금까지 남아서 고구려의 역사를 알려줄 필요성이 있는 것이죠. 대부분의 사서들이 유실되었어도 인공적으로 만든 무덤과 제단은 역사학자들이 무시하고 넘어갈 수 없는 역사적 사실을 알려주는 것입니다.

갑골문자

갑골문자는 거북이와 소뼈에 새겨진 문자를 통칭하는 것으로 거북이 껍질에 문자가 새겨진 것을 보고 만들었다는 설이 있습니다. 갑골문자는 어떻게 만들어졌는지요? 어떤 위대한 분이 나타나 문자를 만들어 보급하였나요?

문자는 단계별로 발달했다기보다 일정 시점에 파장을 받아서 만들어졌다고 보시는 것이 좋습니다. 이것은 우주의 존재들이 지구로 내려오면서 그들 후손에게 남기고자 하는 역사를 만들면서 같이 생겨났습니다. 갑골문자도 이와 유사한 형태로 만들어졌죠. 단순히 점을 치기 위한 것이 아닙니다.

그 당시 사람들은 하늘을 가장 신성시 하였기에 하늘의 뜻이 무엇인지 알고자 하였습니다. 특히 귀족층일수록 백성을 다스리려면 하늘의 뜻을 알아야 했기 때문에 해당 분야를 공부하였지요. 몇 개의 문자를 통해서 하늘의 뜻을 읽어내려 하였으나 점차 길흉화복을 알아보는 것으로 변질되어 지금에 이르게 된 것입니다.

갑골문자를 사용한 것은 은나라[18] 이전으로 다른 지역이 우주인들에 의해 문명이 발달하였다면 동북아는 주로 선인들에 의해서 문명이 만들어졌습니다. 동북아에서도 우주인들이 개입한 경우가 있지만 이마저도 선인들의 감독 하에 참여한 것입니다.

모든 역사가 중요하지만 특히 환인 선인께서 직접 관여하신 동이족의 역사는 참으로 중요하였기에 많은 공을 들였

---

[18] 중국 고대에 탕왕이 하나라의 걸왕을 물리치고 세운 나라. 황하강 중류 지역을 중심으로 갑골문자와 청동기 문화가 발달하였으며 점복占ト에 따르는 제정을 행하였는데, 기원전 11세기 무렵 제30대 주왕 때 주의 무왕에게 망하였다.

습니다. 그래서 동이족은 찬란한 문명을 이룩할 수 있었죠.

『환단고기』에 나오는 것보다 더 발달한 문명이 있었지만 대부분의 자료들이 소실되어 현재는 거의 남아 있지 않고 중국과 일본의 중요 보관처에 몇 권이 있습니다. 때가 되면 관련 책들이 세상에 공개될 것입니다.

갑골문자가 거북이 등에 문자가 새겨진 것이 맞나요? 아니면 은유적 표현인가요?

당시 거북이는 신성한 동물이었습니다. 거북이의 등과 배에 있는 문양들은 기적으로 보면 일정한 파장을 발산하고 있습니다. 이것을 당시에 알아본 것이죠. 파장을 읽을 수 있는 수준에서 본 것이라 보통의 인간들은 알아볼 수 없습니다. 상당한 수련 수준에 있는 사람들이 이것을 기호화하고 간략화하여 만든 것이 갑골문자, 귀갑문자입니다.

한글

이번에는 한글에 대하여 알고 싶습니다. 세종대왕 시절에 훈민정음을 창제할 때 옛 글자를 참고하여 만들었다고 하는 내용이 있습니다. 그리고 일본의 옛 사찰 등에는 한글과 비슷한 신대문자가 존재한다고 합니다. 발음도 같고요. 또, 일부 학자들이 한글은 고조선시대의 문자인 가림토加臨土문자를 기본으로 하여 새롭게 만들었다고 주장하는데 맞는지요?

결론부터 말씀드리면 맞는다고 할 수 있죠. 그러나 한글 창제 당시에는 과거의 기록만 남아 있을 뿐 옛 문자를 사용할 수는 없었습니다. 동이족의 조상들이 갑골문자 등 한자를 만들기는 하였지만 이것은 중국이 빠르게 성장하면서 중국인들의 스타일에 맞게 바뀌었기 때문에 동이족들이 사용하기는 어려웠습니다. 당시의 흐름으로 간다면 동이족의 문화는 사라질 위기에 있었으므로 이것을 조금이나마 살리기 위한 방편으로 만든 것이 한글입니다.

지금은 한글이 자랑스럽게 사용되지만, 당시에는 사대주의 사상으로 언어 창제를 반대하는 세력이 많아 제대로 전수되지 못하고 사라질 수도 있었는데, 몇몇 현인들의 도움으로 민중들이 사용하면서 지금까지 이어올 수 있었습니다.

이전에 동이족 조상들이 사용하던 문자가 여러 개 있었는데 대부분 후대로 이어지지 못하고 한자만이 살아남았습니다. 이것을 동이족의 사정에 맞게 사용한 것이 이두문자고요. 또한 동이족 계열 중 일부가 한자를 응용하여 자신들의 말을 표현할 수 있는 문자로 만들기도 하였죠. 그 중 하나가 한글 창제 시 가장 유용하게 참고한 몽골문자입니다. 당시 크게 성장한 원나라는 문자를 창제할 수 있었죠. 강한 국력이 뒷받침된 하나의 혁명이라고 할 수 있습니다.

그러나 조선은 나라를 건국하고 얼마 되지 않은 시점이라 혼란스러운 시기였음에도 그 필요성을 인식한 임금의 주도면밀한 노력으로 성공할 수 있었습니다. 당시 한글 창제에 주도적인 역할을 했던 분들은 대부분 우주인 출신으로 조선 문화의 부흥을 위하여 태어나신 분들입니다. 세종대왕의 주도하에 자신들이 맡은 역할을 제대로 수행할 수 있었죠.

세종대왕과 그들은 신기전과 화약, 문자, 역학 등 다양한 분야에서 조선의 부흥을 위해 주도적인 역할을 하였으나 이것이 후대로 이어지지 못하고 대부분 사라지게 되었죠. 안타까운 일입니다.

그것이 어려움을 겪어야 했던 동이족의 운명이었나요?

그렇습니다. 새로운 시작을 위한 숨 고르기였다고 보시면 됩니다. 동이족의 계속된 기운의 침체는 그 후로도 상당 기간 지속되었습니다. 몇몇의 노력으로 반전시킬 수 있는 상황이 아니었습니다.

그러나 지금은 한반도로 기운이 모여드는 시기로 이 기운을 모아 빠르게 펼쳐야 할 때이지만, 제대로 사용하지 못하고 있습니다. 제대로 사용하지 못한다면 이것은 중국을 돌아 동남아로 그냥 흘러갈 것입니다. 동남아로 흘러가는 것은 당연한 것이나 문제는 한국에서 높게 상승하여 그 상승기류를 타고 흘러야 한다는 데 있습니다. 상승기류를 만들지 못하면 기운이 제대로 활용되지 못하고 말 것입니다. 타 지역으로 흘러도 별 쓸모가 없어지기 때문이죠.

세종대왕이 동이족에서 나온 글자인 한자와 가림토문자 중 가림토문자
를 최종 선택하여 재정비하신 이유가 있나요?

동북아 지역에서 동이족을 통하여 시작된 현 문명은 전
지구로 퍼지면서 여러 문명을 이룩하는 데 직간접적인 영
향을 미쳤습니다. 문화는 삶의 방식인데 이것을 전하는
도구는 언어와 문자입니다.

동이족의 조상들이 만들었던 다양한 문자 중에서 가장
오랫동안 사용되고 있는 것이 한자입니다. 동이족이 중
국에 전수해 준 것이 다시 한국으로 돌아와서 사용되었
죠. 또 한글과 같은 문자를 고대에 만들어서 사용하였으
나 당시 필요성이 줄어들어 계속 한자가 사용되었던 것
이고요.

의미 중심으로 만들어진 뜻문자인 한자는 한쪽으로 치우
친 문자이기에 지금의 지구 대변화기를 준비하기 위해서
는 전 세계를 아우를 수 있는 문자가 필요했습니다. 그래
서 한글을 재정비하여 사용할 수 있도록 만드신 거죠. 아
시다시피 한글은 소리와 뜻을 모두 포함하는 어디에도

편향되지 않은 중도中道적인 문자로 전 세계를 아우르기에 손색이 없습니다.

하지만, 한글은 그 당시 필요한 문자가 아니었기 때문에 그 사용 빈도는 매우 빈약하였습니다. 1,800년대를 지나면서 한글이 국민들에게 널리 보급되었고, 특정 권력을 위한 것이 아닌 전 국민의 의식 향상을 위한 수단으로 사용되면서 뿌리를 내리게 된 것입니다.

그렇군요. 1,400년대에 정비가 되었지만, 오늘날을 위해 선각자들이 준비한 문자라는 말씀이군요.

맞습니다.

● 신대문자와 가림토문자 : 신대문자는 한자가 전해지기 전에 고대 일본에서 썼다고 전해지는 여러 문자를 일컫는데, 이들 대부분이 후세에 만들어진 것으로 여겨지고 있다. 신대문자는 발견된 곳의 이름을 따서 부르는데, 특히 아히루문자阿比留文字는 한글과 자형이 비슷하여 이 문자가 가림토에서 왔다고 주장하기도 한다.

가림토문자는 『환단고기』에 등장하는 문자로, 기원전 22세기에 고조선에서 만들어졌다고 한다. 이 가림토의 생김새는 세종 때 창제된 한글의 형태와 매우 비슷하다. 그래서 훈민정음이 '고전을 모방하였다'는 『세종실록』의 기록을 들어 훈민정음은 가림토를 본 따 만든 것이라고 주장하기도 한다.

● 한글 : '한韓나라의 글', '큰 글', '세상에서 첫째가는 글'이란 뜻이 있는 한글은 영어나 한문과는 달리 치우치지 않은 문자라고 말할 수 있다. 영어는 소리 중심으로 만들어진 소리문자로 우로 치우친 문자이며 한문은 의미 중심으로 만들어진 뜻문자로 좌로 치우친 문자인데, 한글은 양쪽을 다 가지고 있는 가운데 문자이면서 소리와 글자의 상관관계까지 생각해서 만들어진 가장 과학적인 문자라고 할 수 있다.

장군총과 태왕릉

지금까지 발견된 것 중 동양 최대의 피라미드로 평가되는 장군총은 누가, 어떤 목적으로, 언제 만들었는지 궁금합니다.

장군총은 학자들이 추정하는 것과 비슷한 시대에 만들어졌습니다. 고구려 장수왕이 아버지 광개토대왕을 기리기 위해 만든 사당으로 광개토대왕을 모시던 곳입니다. 일부 학자들은 장군총이 장수왕의 무덤이라고 하지만 그렇지 않습니다.

그럼 장군총의 정확한 용도는 무엇인지요?

장군총은 태왕(광개토대왕) 사후에 승천한 태왕을 기리기 위해 만든 제사 시설입니다. 당시에는 많은 이들이 수련을 하였고, 특히 고구려에는 계속적으로 선도의 맥이 흐르고 있었습니다. 고구려인들은 항상 하늘을 그리워했으며, 하늘을 섬길 줄 아는 민족이었습니다. 많은 이들이 고구려를 강력하게 만든 태왕에 대한 경외심을 표현하기 위해서 거대한 무덤인 태왕릉과 광개토대왕비를 만들며 여기에 신전神殿인 장군총을 추가로 만들었던 것입니다.

하지만 장군총이 꼭 태왕을 위한 신전이라고 하기에는 무리가 있습니다. 고구려와 관련된 조상들에게 제사를 지내는 신전이라고 표현하는 것이 맞을 것 같네요.

장군총이 무덤이 아니라 그들의 조상을 기리는 신전이었군요. 이 신전의 의미에 다른 것도 있나요?

신전에는 하늘에 제를 올리는 신성한 장소라는 의미도 있습니다. 장군총을 천제를 올리던 장소라 보아도 됩니다. 실제로 천제를 올리기도 하였고요.

태왕릉은 많이 붕괴되었는데 장군총은 붕괴되지 않은 이유가 있는지요?

장군총의 모습이 현재까지 그대로 보존된 것은 신전으로서의 역할이 있기 때문입니다. 지금까지 남아서 고구려의 역사를 알려줄 필요성이 있는 것이죠. 대부분의 사서들이 유실되었어도 인공적으로 만든 무덤과 제단은 역사학자들이 무시하고 넘어갈 수 없는 역사적 사실을 알려주는 것입니다.

장군총 상단에는 무엇이 있었나요?

장군총 상단에는 총 3층의 목조건물로 된 신전이 있었습니다. 이 목조건물은 하늘, 땅, 사람 즉 천지인天地人을 상징하였고, 고구려의 시조가 되는 환인, 환웅, 단군의 시대를 대표하기도 하였습니다.

장군총은 화강석을 쌓아올린 7단 피라미드 형태로 이루어졌는데, 태왕릉은 어느 정도 크기였는지요?

지금 남아 있는 부분만 보아도 태왕릉이 장군총보다 크다는 것을 알 수 있을 것입니다. 태왕릉은 총 11단으로 만들어졌으나 오랜 세월 동안 붕괴되어서 지금은 그 원형을 알 수 없습니다. 11이라는 숫자는 하나의 상징으로서 지금 십진법으로 생각하는 11과는 다릅니다.

11은 1과 1입니다. 하나와 하나를 의미하며 음과 양을 표현하기도 합니다. 음과 양이 만나서 조화된 상태이며 정지된 상태는 아닙니다. 흐름이라고 보시면 될 것 같습니다. 11을 통하여 이것을 알려주고자 했던 것입니다.

장군총　　　　　　　　　태왕릉

장군총將軍塚은 중국 길림성 집안현에 있는 고구려 고분이다. 잘 다듬은 화강석으로 7층 높이의 피라미드형으로 축조되었고, 외형이 거의 완전하게 남아 있다. 기단基壇의 한 변 길이는 33m이고, 높이는 약 13m이다. 만들어진 시기는 대략 4세기 중엽에서 5세기 전반으로 추정된다. 주변에 광개토왕릉비와 태왕릉, 오회분 등이 있어서 일찍부터 왕릉으로 추정되어 왔지만, 무덤의 주인공으로는 광개토대왕 혹은 그 아들인 장수왕이라는 두 설이 있다. 한편 장군총이 시조묘이면서 시조가 신으로 추앙받는 제사 장소였으며 신전이었다는 설도 있다. 하지만 고분의 유품이 모두 도굴 당했기 때문에 현재 확실히는 밝혀내지 못하고 있다.

태왕릉太王陵은 중국 길림성 집안현의 여산에 있는 고구려의 기단식 돌무지무덤이다. 널방 위쪽 절반이 파괴되어 원형을 알아보기 어렵지만, 장군총과 같은 구조의 고분古墳이었다고 추정된다. 그러나 평면적이 장군총에 비해 약 4배나 되고, 광개토대왕비에서 남서쪽 500m도 안 되는 거리에 있기 때문에 광개토대왕릉이라고 주장하는 설도 있다. 학자들은 대체로 태왕릉을 광개토왕릉으로, 장군총을 장수왕릉으로 추정하고 있다.

만주 내몽골
피라미드

중국의 신화통신이 2001년에 보도한 내용에 의하면 만주와 내몽골 지역에 대규모 피라미드가 있다고 합니다. 맞는 소문인지요?

만주와 내몽골 지역은 한민족의 고고학적 유물이 지천에 널린 장소입니다. 동이족은 황하 기상에서 3천여 년 동안 거주하다가 점차 만주 지역으로 이동하여 그곳에서 몇 천 년 동안 문명을 일구었습니다. 그러면서 일부는 알래스카 해협을 넘었고, 일부는 바이칼 호수를 따라 이동하였습니다. 그리고 일부는 지금의 한반도로 이동한 것이죠. 크게 3가지 경로로 이동했다고 보시면 됩니다.

환인 선인님께서 황하 기상에 문명을 만드시면서 시작된 신시대는 많은 우여곡절을 겪으며 오늘에 이르렀죠. 지금 중국에서는 황하문명보다 앞서 세워진 동이족의 문명으로 인하여 많은 고민을 하고 있습니다. 지도층에서는 그들의 조상이 동이족이라는 것을 알지만 일반 국민에게는 알릴 수 없는 실정에 고민인 것입니다.

역사학자들은 산동반도와 만주 지역에서 발견되는 문명이 인류 4대 문명보다 앞선 문명이라고 하고 있죠. 사실입니다. 황하문명을 연구하면 만주 지역으로 이어지는 새로운 문명이 나올 수밖에 없는 것이며, 만주 지역은 환인시대에서 환웅시대, 단군시대의 주 무대로 동이족의 진정한 고향이라고 할 수 있습니다.

동북아의 역사는 만주에서 시작하여 주변을 관할하는 역사를 보여주고 있습니다. 이 역사를 밝히는 것이 조금 전 질문한 피라미드가 될 것입니다. 중국에서는 아직 이것을 밝힐 단계에 있지 않기 때문에, 모든 그림을 그린 후에 서서히 밝히려고 준비하고 있는 중입니다.

만주 지역 피라미드를 만든 주체는 누구인지요?

만주 지역 피라미드를 만든 주체는 헤로도토스에서 파견 나온 우주인들과 당시 환웅시대의 환웅들이라 보시면 됩니다. 그 이전에도 여러 피라미드가 있었으나 현재는 남아 있지 않습니다.

헤로도토스 우주인들이 그런 거대 건축물을 만든 이유는 무엇인가요?

아직 공개되지 않은 문명의 원류를 밝힐 시점이 되면 지구 역사를 새롭게 쓸 수 있도록 남겨 놓은 것입니다. 피라미드 하면 이집트와 아랍 지역이 생각나지만 그 이전에 존재한 거대 문명이 있음을 증명하여 동이족인 한민족의 역사를 만방에 알리려는 의도로 남겨 놓은 것입니다.

아직 때가 되지 않아서 발표를 못하고 있다는 것이군요. 인터넷에 떠도는 사진이 합성이라는 설도 있습니다. 이 사진들이 진본이 맞는지요?

맞습니다. 워낙 민감한 사항이라 당시 기자들이 찍은 사진이 아직까지는 기밀서류로 존재합니다만 머지않아서 공개될 것입니다. 지금의 시대는 모든 정보가 공개되기 때문에 인위적으로 감추려 해도 구글어스 등을 통해서 자연스럽게 밝혀질 것입니다. 그러니 그 문명의 시원에 대한 것을 알려줄 수 있도록 준비가 필요한 것이죠.

만주 벌판에는 수많은 피라미드가 널려 있다. 중국 '신화통신'은 2001년 7월에 만주의 고대 한국 피라미드의 일부를 뉴스로 전했다. 신화통신에 따르면, 중국 고고학자들이 내몽골(만주 서북부)에서 5천 년 전의 피라미드를 발견했으며 이 피라미드는 3층의 돌로 된 건물이고 밑바닥은 30m 이상, 폭이 15m 이상 된다고 한다. 여기서 동이족의 유물이 쏟아져 나왔는데, 황하문명보다 훨씬 오래된 배달문명의 유물이었다. 유명한 중국 고고학자에 따르면 이 피라미드는 5천~6천 년 전의 홍산문화에 속한다고 한다.

이로써 홍산문화 즉, 배달문명은 황하문명보다 천 년 이상 빠르며, 이 지역의 문화가 황하 유역에 전해져서 황하문명을 이룬 것으로 볼 수 있다. 이 때문에 중국은 만주 피라미드 유적들을 철저하게 숨기고 있으며, 발굴을 중단하고 학술적인 조사도 제대로 하지 않고 있다. 그러면서 고조선과 고구려를 중국 역사로 편입시키는 작업을 계속해 오고 있다. 자신들의 조상이 동이족으로부터 유래되었다는 것이 증명될 것을 우려하기 때문이다.

환단고기와 천부경

동이족의 역사와 관련해서 몇 가지 더 질문을 드리고자 합니다. 우리나라 고대사를 기술한 『환단고기桓檀古記』라는 책이 많은 논란을 불러일으

켰는데요. 이 책에서 말하는 내용들이 얼마나 맞는지요?

대략 70~80% 정도는 사실에 입각하고 있다고 보시면 됩니다. 책에 있는 모든 것을 100% 진실로 받아들이다 보면 많은 오류가 나타날 것입니다. 이 점을 언제나 명심하여야 합니다.

『환단고기』는 계연수라는 분이 편집했다고 하는데 어떤 목적으로 편찬하게 되었는지요?

계연수라는 분의 집안은 대대로 수련의 명맥이 이어져 오던 가문이었습니다. 가족간에 비밀리에 수련을 전수하던 집안이었지요. 이분들은 집안의 가보로 내려오는 서적으로 교육받았습니다.

계연수라는 분도 집안의 가보를 통하여 동이족의 역사에 대하여 배울 수 있었고, 앞으로 다가올 시대를 어느 정도는 알고 있었습니다. 그래서 계속 사라지는 동이족의 역사를 바로잡기 위해서는 자신이 알고 있는 것을 전해야 할 필요성을 느꼈기 때문에 『환단고기』를 편집하였던 것입니다.

『환단고기』를 집필하기 위해서는 많은 사서들이 필요하였을 것 같은데, 이 책들에 대한 언급이 없습니다. 어떻게 책을 구했으며, 그 책들은 지금 어디에 있는지요?

> 당시는 조금만 노력하면 고대의 역사서들을 구할 수 있었습니다. 집안에서 내려오는 책들도 일부 있었고요. 그 책들을 보면서 주변을 수소문하여 알게 된 내용을 중심으로 편찬한 것입니다.

> 당시에 보았던 책 중에 일부는 일제 강점기에 소실되었고, 일부 책은 한국에 남아 있습니다. 전라도와 경상도 명문가들 후손이 가지고 있는데 그들도 어떤 책인지 잘 모르고 지내는 경우가 있습니다.

70~80% 정도가 맞는다고 하셨는데, 어떻게 해서 오류가 생겼나요?

> 동이족의 나라는 환인, 환웅, 단군 세 분을 계승하여 많은 분들이 이끌어 온 나라입니다. 그러나 많은 역사가 있어도 전하고자 할 당시 문자가 없어서 기록되지 않았거나 너무 오래되어 소실된 것들이 많았습니다. 오랜 세월이

지난 후에 역사가들이나 후손들이 전하는 풍문을 기초로 하여 정리하다 보니 내용에 오류가 생긴 것입니다. 『환단고기』를 작성한 계연수님의 잘못이 아닌 당시 책을 만들 때 생긴 오류라 보시면 됩니다.

어느 부분에 특히 오류가 있나요?

환국, 배달국, 고조선에 대한 내용입니다. 이 세 시대의 역사 기간에 오류가 있고, 천제의 계보에도 오류가 있습니다. 실제 환인, 환웅, 단군의 수는 더 많이 있었습니다.

정확히 얼마나 되죠? 『환단고기』에는 7대 환인, 18대 환웅, 47대 단군이 계신 것으로 되어 있습니다. 환국의 시작은 BC 7198년이고요.

정확히는 52분의 환인, 37분의 환웅, 72분의 단군이 계셨고 그분들 모두 선인이었습니다. 당시 통치를 맡았던 분들은 시대적 흐름에 맞게 나라를 다스리고 백성을 다스리셨습니다. 나라의 흥망성쇠가 그분들 입장에서는 중요한 것이 아니기 때문에 흥할 때와 쇠할 때를 적절히 관리하셨습니다. 흥할 때는 원활하게 상승할 수 있도록 지원하고, 쇠할 때는 너무 급격하게 쇠하지 않도록 흐름을 조정하셨던 것입니다.

『환단고기』가 환인 선인님의 수에서 특히 오류를 보이는 것은, 이 책이 기원전 7천 년경부터 2~3천 년간의 역사를 대략적으로 기록한 것이기 때문입니다. 그 이전부터 많은 환인 선인님과 그 휘하의 선인들께서 동이족과 동북아의 기운 조성을 위하여 활동하셨지만, 이분들이 인간의 몸으로 직접 태어난 것은 대략 기원전 7천 년경입니다. 그전에는 기적인 상태에서 진행한 것이 많았기 때문에 이 시기에 활동하셨던 많은 환인 선인님에 대해서는 『환단고기』에 제대로 기록될 수 없었던 것입니다.

그렇군요. 말씀하신 52분의 환인, 37분의 환웅, 72분의 단군은 모두 최고 통치자 반열에 있으셨나요?

당시 환국이나 배달국 등은 최고 통치자, 즉 천자의 위치에 있는 분들과 함께 뛰어난 제상들도 있었습니다. 이분들도 역할이나 능력에 따라서 환인, 환웅, 단군의 칭호를 받으시는 경우가 있었습니다. 특히 단군시대의 경우 삼한으로 분리되어 능력에 따라서 단군의 칭호를 받는 분도 있었습니다.

당시의 통치제도는 한 분이 이끌고 가는 것이 아닌 협의체 개념이었기 때문에 통치자의 능력이 조금 부족하여도 주변에 있는 분들의 도움을 받아서 나라를 이끌 수 있었습니다. 이런 전통이 후에 귀족 협의체로 발전하게 된 것입니다. 고구려, 백제, 신라, 가야 등 모든 나라들이 위와 동일한 방식을 채택하였습니다. 그러나 제대로 발전된 경우도 있고 그렇지 못하고 후일에 유야무야 된 경우도 있었습니다.

『환단고기』에는 환국이 BC 7198년~3898년, 배달국이 BC 3898년~2333년, 고조선이 BC 2333년부터로 나오는데 배달국과 고조선의 건국 시기가 맞는지요?

환국시대 이후 건립된 배달국과 고조선시대의 건국 시기는 대략적으로 맞는다고 할 수 있습니다. 인간의 시각으로 보면 몇 십 년, 몇 백 년이 의미가 있을 것이나, 선계에서는 당시 흐름을 조정하는 차원에서 관여하셨기 때문에 정확한 시기는 크게 의미가 없습니다.

고구려의 건국 시기가 『환단고기』(BC 239년)와 『삼국사기』(BC 37년) 등에 차이가 있는 것 같습니다. 기원전 200년대인지요? 아니면 기원전 50년 전후인지요?

> 기원전 200년경이 맞습니다.

네. 한국에서는 『환단고기』에서 소개한 천부경天符經이 최고의 경전으로 통하고 있습니다. 천부경은 어떤 책인가요?

> 하늘의 이치를 담은 책이 맞습니다. 그러나 하늘의 이치를 담았다고 하여도 깨달음에는 단계가 있어서 기본을 익힌 후에 본다면 많은 도움이 될 수 있지만 무작정 천부경만으로 도를 이룰 수는 없습니다. 그리고 천부경을 이해하여도 차후에 기운으로 의식을 사용하기 위해서는 익혀야 할 것들이 많이 있습니다. 깨달음에 이르기 위해서는 의식과 호흡 두 가지를 병행해야 하는데, 경經으로만 공부하면 호흡을 통해 기운을 사용하는 방법을 익히지 못하는 경우가 많이 있습니다.

> 또한 천부경에 대한 여러 해석들이 있는데, 천부경을 어

떻게 보느냐에 따라서 해석이 달라지기 때문에 고정된 해석판을 만드는 것 자체가 무리입니다. 해석하는 수준에 차이가 있고, 이해하는 수준에도 차이가 있기 때문이죠. 천부경은 수준에 따라 다양하게 해석되고 다양하게 이용이 가능한 서적이라고 보시면 됩니다.

많은 분들이 천부경을 최고의 깨달음으로 인도할 책으로 인식하여 암송을 하기도 합니다.

보통의 인간이 생각하는 최고의 깨달음 정도는 인도해 줄 수 있습니다. 하지만 깨달음이란 인간이 상상할 수 없는 많은 단계가 있어서 무어라 하나로 설명하기는 어렵습니다. 그러나 보통의 인간이 원하는 수준 정도는 가능할 것입니다. 도전하는 모든 분들이 가능하지는 않고 천부경과 파장을 맞출 수 있는 분들만 가능할 것입니다.

천부경이 가지고 있는 에너지를 이용하여 깨달음을 얻기 위해서는 천부경을 만든 분의 파장과 동조되어야 하는데 이것이 쉽지가 않습니다. 오랜 세월이 지나면서 천부경이 이것을 전하는 분의 파장에 동조되는 경우가 대부분이어서 제대로 천부경의 파워를 알고 있는 분은 거의 없다고 보시면 됩니다. 또한 천부경의 파워를 안다고 하여도 이것을 사용하는 것은 별개의 문제입니다.

근본 원리에 통한다는 것은 참 어려운 것 같습니다.

『환단고기桓檀古記』는 1911년에 계연수桂延壽가 편찬한 한국 상고사에 대한 책으로 고조선 이전에 환국과 배달국이 존재하였다고 기술하고 있다. 환인·환웅·단군의 역사를 서술한 『삼성기三聖記』, 단군조선의 역사를 기록한 『단군세기檀君世記』, 북부여의 역사를 서술한 『북부여기北夫餘記』, 환국桓國·신시시대·고려에 대한 내용을 다룬 『태백일사太白逸史』가 하나로 묶여 편찬되어 있다. 『환단고기』가 처음 소개된 이후로 재야 사학가들이 옛 기록으로서의 가치를 주장하기도 하였으나, 현재 사학계에서는 원본이 제시되지 않고, 기존의 역사와도 어긋나며, 내용이 모순된다는 이유로 조작된 위서로 보는 시각이 대부분이다.

천부경은 대종교大倧敎 경전 중 하나로 환인이 환웅에게 전하여 지금까지 내려온 것으로 알려져 있다. 천부경이 실제 처음 세상에 드러난 것은 묘향산에서 10년간 수도한 계연수가 1916년에 암벽에 새겨진 천부경을 발견하여 이듬해 단군교에 전하면서부터라고 한다. 천부경은 우주창조의 이치를 81자로 풀이한 것으로, 난해한 숫자와 교리를 담고 있어 여러 가지 해석이 나오고 있다.

5부

동이족의 지류 支流

★ ★ ★

동이족의 발원지인 기상은 문명의 형태라기보다는 동이족의 씨앗이 뿌려진 상태였습니다. 여기서 시작된 동이족이 점차 종족 번식을 하고, 여러 지역으로 퍼져나가게 되었죠. 그것이 동이족, 즉 아시아 지역의 인류가 퍼져나가게 된 흐름이었고, 동이족의 일부가 황하 지역으로 이동하여 성립된 것이 황하문명이지요. 황하문명은 여기에서부터 독자적으로 성장하게 됩니다.

황하문명과
장강문명

이번에는 동이족이 영향을 미친 주변의 문명에 대해서 알아보고 싶은데요. 우선 중국의 황하문명과 장강문명이 궁금합니다.

먼저 요하문명은 만리장성 북쪽 지역에서 발견된 문명이죠. 이것은 무슨 논리를 가져다 붙여도 중국 민족과는 상관없는 동이족의 고대문명입니다. 중국만의 순수 문명으로 말한다면 황하, 장강문명이라고 할 수 있는데, 이것의 발원은 다름 아닌 동이족에서 흘러들어온 것입니다. 황하문명은 그들이 이민족이라 칭하는 동이족과의 관계 속

동이족의 지류支流 129

에서 이루어진 문명이죠. 중국의 시조라고 알려진 삼황, 즉 복희, 신농, 황제도 모두 동이족입니다.

중국의 시조가 동이족이라니…. 중국인들이 들으면 기분이 좋지는 않을 것 같습니다.

하하, 어쩔 수 없죠.^^ 원래 중국, 아시아 지역은 동이족을 위한 무대로 선정된 것입니다. 아시아인들은 대부분 동이족에 뿌리를 두고 있다고 해도 과언이 아닙니다. 그 혈통이 얼마나 본류에 가깝냐는 정도만 있는 거죠. 한민족은 수많은 외침을 통해 종자가 섞였다고는 해도 유전적, 지역적 특성 등 여러 가지 이유로 인해 동이족의 혈통이 잘 보존되어 있습니다.

황하문명과 장강문명 중 어느 것이 먼저 만들어졌나요?

장강문명이 천 년 가량 앞선 문명이라고 밝혀져 있지만, 실제로는 황하문명이 먼저 만들어졌습니다. 황하문명이 장강 쪽으로 흘러들어 가서 별도로 만들어진 것이 장강문명이죠. 황하강의 범람으로 많은 유적이 쓸려가서 연도의 추정에 오류가 생긴 것입니다.

그렇다면 황하문명은 어떠한 과정을 거쳐서 만들어졌나요?

황하문명의 시조는 동이족이라고 말씀을 드렸죠. 황하문명은 고대 환국의 지류라고 볼 수 있습니다. 황하강 중상류 지역에 있던 환국이 만주의 배달국으로 천도를 하면서 일부 남은 인원이 다시 구축한 것이 황하문명이지요.

좀 더 자세히 말씀 드리자면, 동이족의 발원지인 기상은 문명의 형태라기보다는 동이족의 씨앗이 뿌려진 상태였습니다. 여기서 시작된 동이족이 점차 종족 번식을 하고, 여러 지역으로 퍼져나가게 되었죠. 그것이 동이족, 즉 아시아 지역의 인류가 퍼져나가게 된 흐름이었고, 동이족의 일부가 황하 지역으로 이동하여 성립된 것이 황하문명이지요. 황하문명은 여기에서부터 독자적으로 성장하게 됩니다.

그럼 황하문명을 시조로 하는 중국의 한족은 동이족과 뿌리가 같다고 볼 수 있는 것인가요?

그렇죠. 현재 중국 민족과 한민족이 생김새가 다른 이유는 지역적 특성이 다르기 때문입니다. 그 지역의 기운의 특성에 따라 그 기운을 받고 자라는 사람들의 생김새도 약간씩 다르게 되죠.

환국의 일부 인원이 황하문명을 성립한 과정에 대해서 좀 더 자세히 말씀해 주실 수 있을까요?

환국에서 배달국으로의 이동은 선계에서 관여하는 실질적인 문명의 시작을 의미합니다. 이때 지도자 격의 인원 세 분은 수백 명의 동이족 무리를 이끌고 새로운 지역을 찾아 나섰습니다. 황하문명을 개척한 세 분이 환국이 있던 기상 지역에서 문명을 지속하지 않고 황하강 아래쪽으로 이동한 이유는 배달국과 같은 이유로 좀 더 안정적인 지역을 찾길 원했던 것이죠.

그렇게 이동한 무리는 그 지역에 흩어져 있던 원주민들을 규합하여 초기 국가의 형태를 이루었습니다. 역사상으로는 하나라[19]가 중국 최초의 국가라고 되어 있지만 그 이전에도 황하문명은 이미 국가 형태로 존재하고 있었지요.

네. 역사적 사실과 비교하여 이것저것 꼬치꼬치 여쭤보려 했는데, 그렇게 해봐야 딱딱하기만 하고 재미도 없을 것 같아요. 어차피 황하문명은 그렇게 시작되어서 현재의 중국으로 흘러온 것이겠죠…. 혹시 지도자 세 분이 중국의 고대 신화나 역사와 관계가 있을까요?

당연하지요. 모든 신화는 상상이 아니라 당시의 실제 사실에 근거를 두고 있습니다. 다른 문명에서는 우주인들을 신격화한 경우도 많이 있고요. 황하문명을 시작하신 세 분의 지도자는 환국에서 분리되어 온 선인이었습니다. 중국의 신화에 나오는 삼황, 즉 천황天皇, 지황地皇, 인황人皇이 황하문명을 성립한 세 분의 선인이었죠.

중국이 잘나간 이유가 있었네요. 선인이 기원이 된 국가인 것이잖아요?

그렇습니다. 그렇기 때문에 문화면에서도 한민족에게 뒤지지 않고 나중에는 오히려 영향을 주기까지 한 것이잖아요? 물론 한민족은 스케줄 상 그렇게 될 수밖에 없었던

---

19) 치수治水에 공로가 있는 우禹가 순제舜帝로부터 왕위를 물려받아 세운 중국 최초의 나라. 기원전 15세기 무렵 은殷나라에 망하였다.

이유가 있었지만요. 중국은 기원전 3세기 진시황 때 이미 통일 국가를 이루어 내부적 성장을 도모했던 반면에 한국은 7세기에 와서야 통일 신라가 생겼죠. 그나마도 발해와 신라로 민족이 나뉘어 있었고요. 분열된 국가에서는 전쟁에 자원을 소모하니 그만큼 다른 분야는 발전이 늦을 수밖에 없습니다.

삼황이라고 하신 천황, 인황, 지황은 어떤 분인가요?

세 분의 선인은 배달국이 건국되면서 정신문명을 받쳐줄 물질문명을 발전시킬 세력을 양성하기 위해 동이족의 일부를 이끌고 황하 이남으로 이동하셨습니다. 이분들은 주로 황하 이남의 기운을 조성함으로써 한족이 성장할 수 있도록 많은 역할을 하셨죠.

황제라는 칭호는 이분들로 인하여 처음 사용되었습니다. 천황, 인황, 지황은 하늘, 사람, 땅의 이치를 전수해 주었다는 것을 의미합니다. 천황은 주로 하늘의 뜻을 받아 지상 세계에 전하는 역할을 하셨습니다. 그리고 인황은 인간이 살아가는 법칙을 알려주셨고, 지황은 땅을 대하는 마음과 이용하는 방법 등을 알려주셨습니다.

이분들과 공자의 인仁 사상, 주역, 풍수지리 등은 어떤 관계가 있나요?

다양한 사상들이 한족에게서 자체적으로 발전하거나, 동이족이 일방적으로 한족에 전수한 것은 아닙니다. 서로 조금씩 영향을 미쳤는데, 세 분의 영향으로 인하여 위 사상들이 중국의 한족에서 꽃이 필 수 있게 된 것입니다. 이분들이 길을 열어 놓음으로써 문화가 발전할 수 있었고 후대에 꽃을 피울 수 있게 된 것이죠.

그렇군요. 동이족에게서 영향을 받은 분야는 어디인가요?

초기에 영향을 받은 것은 하늘에 대한 사상이며 문자를 이용한 기록입니다. 하늘에는 모든 것이 기록되어 시간이 지나도 알 수 있는데, 지구에서는 시간이 지나면 제대로 알기 어렵죠. 그래서 문자를 만들어 보급하게 된 것입니다. 기록이라는 것이 생기면서 인류 문화는 엄청난 속도로 발전할 수 있게 되었습니다.

황하문명을 개척하신 세 분이 터를 잡은 곳은 어디인가요?

황하문명이 시작된 곳입니다. 황하 중류의 시안西安 지역이라 할 수 있죠. 중국의 역사 이래 시안 지역은 계속 중심지였습니다. 하지만 중국의 마지막 왕조인 청나라가 지금의 북경에 수도를 정하면서 시안 지역은 급격히 쇠퇴하였죠. 그전까지는 상당히 발달된 문물을 자랑하던 곳이었습니다.

중국에서 기공氣功이 많이 발전한 것도 세 분 선인에 기원을 두고 있어서인가요?

그렇죠. 중국은 한민족에게 물질문명으로 영향을 주는 스케줄입니다. 그렇기 때문에 최초 세 분의 선인에서 시작한 선도의 흐름도 정신 쪽보다는 물질, 신체의 양생養生 쪽으로 많이 흘러가게 된 것이죠. 유물론적인 공산주의의 원인도 있다고는 하지만 중국에서 발생한 도가사상은 선도사상과 비교해 볼 때 본래 정신의 완전한 깨달음보다는 양생과 기를 강조하는 쪽으로 발전해 왔습니다.

● 황하문명과 장강문명 : 황하문명은 중국의 황하 중하류 지역에 성립한 옛 문명의 총칭이며, 성립기는 기원전 2,000년경이다. 장강문명은 양자강 유역에서 발달한 중국 고대문명의 총칭이며, 시기는 기원전 14,000년경부터 기원전 1,000년경으로 추측되나 확실치 않다. 20세기 전반에 황하 유역에서 많은 유적이 발견되어, 중국문명의 발상지는 황하 유역이며 그 후 점차 장강 유역 등의 주변 지역으로 확대되었다는 견해가 지배적이었다. 그러나 1973년과 1978년, 장강의 하모도 유적(기원전 6,000년~기원전 5,000년경) 발굴을 계기로 이 설이 뒤집어지게 되었다. 현재는 황하 유역과 장강 유역이 각각 서로에게 영향을 주었으며, 한편으로는 독자적으로 발전을 이루어 갔다고 여겨지고 있다.

● 삼황 : 삼황은 중국 고대 전설상의 세 임금이며, 일반적으로 7종의 설이 있다.

① 천황天皇, 지황地皇, 인황人皇 : 『사기史記』「보삼황본기補三皇本紀」에 인용된 『하도河圖』, 『삼오력三五曆』

② 천황, 지황, 태황泰皇 : 『사기』「진시황본기秦始皇本紀」

③ 복희伏羲, 여와女媧, 신농神農 : 『풍속통의風俗通義』「황패편皇霸篇」

④ 복희, 신농, 공공共工 : 『통감외기通鑒外紀』

⑤ 복희, 신농, 축융祝融 : 『백호통白虎通』

⑥ 수인燧人, 복희, 신농 : 『풍속통의』「황패편」에 인용된 『예위禮緯』「함문가含文嘉」

⑦ 복희, 신농, 황제黃帝 : 『십팔사략』, 『제왕세기帝王世紀』와 손씨주孫氏注 『세본世本』

황제헌원

일반적으로는 중국의 시원을 황제헌원이라고 하는데 황제헌원은 어떤 사람인가요?

> 황제헌원은 처음부터 황제가 아니었습니다. 하지만 나이가 들면서 자신의 세력을 굉장히 강하게 만들었던 인물로 중국인들을 매우 사랑한 사람이었습니다.

그는 중국인인가요?

> 중국인이죠. 그러나 뿌리를 본다면 동이족 계열의 후손이라 할 수 있습니다. 그의 조상들이 오랫동안 황하 유역에서 살았습니다.

그렇군요. 그는 정치, 경제, 군사, 의학 등 모든 분야에서 능통하였던 것으로 나옵니다. 다양한 분야에서 능력을 발휘할 수 있었던 이유가 있나요? 소문에는 어떤 분에게 수련을 받았다는 내용이 있기도 합니다.

> 황제헌원은 『황제내경』으로 가장 유명하죠. 『황제내경』

에 나오는 것처럼 많은 분들과 높은 수준의 문답을 할 수 있으려면 상당한 지식과 경험이 필요합니다. 그리고 배달국의 치우천황과 계속 전투를 하려면 전쟁에 대한 병법도 잘 알아야 하고요.

헌원이 다양한 분야에서 능력을 발휘할 수 있었던 것은 집안에 내려오는 여러 책으로 공부한 것도 있지만, 소문처럼 수련을 했기 때문입니다. 인간이 배울 수 있는 지식은 한계가 있어서 위의 것들을 익히려면 한평생이 모자랄 것입니다. 이러한 한계를 뛰어넘기 위하여 나온 것이 바로 수련인데, 수련은 단순히 지식을 넓혀주는 수단이 아니라 우주에 대한 모든 것까지 알 수 있도록 해주기 때문이죠. 그는 젊어서 배운 수련을 통하여 자신이 해야 할 일이 무엇인지 알고 행했다고 할 수 있습니다.

『황제내경』에서 답변을 했던 분들은 누구인가요? 의학의 신들이라는 설도 있던데요.

헤로도토스에서 의학을 전수하기 위해서 태어난 분들로 배달국에 살았던 이들입니다. 황제의 초청으로 중국에서 활동하면서 광범위한 의학 지식을 전수하였죠.

그럼 황제헌원도 헤로도토스에서 왔나요?

그는 헤로도토스의 지원을 받았지만 우주인 출신은 아닙니다. 중국의 문명을 바로 세우기 위해 더 높은 차원에서 오신 선인입니다. 지금의 중국을 만들었고 아직도 중국에 많은 애착을 가지고 지켜보고 계십니다.

동이족으로 태어났으나 자신이 자란 고향의 한족을 위해서 살다 간 사람이군요.

그렇습니다. 그는 자신의 친구들을 무척 사랑하고 좋아하였습니다. 그래서 자신이 가진 모든 것을 주고자 노력하였고, 그가 원하는 것의 70% 정도를 달성하였습니다.

황제헌원이 동이족의 치우천황과 여러 번 전쟁했다고 하셨는데, 결과는 어떠했나요?

역사서에 기록되어 있는 것은 일부 과장된 면이 있습니

다. 당시 아시아의 판도는 동이족에게 있었습니다. 치우천황이 다스리는 배달국에 맞설 수 있는 곳은 아무 곳도 없었죠. 황제가 번번이 싸움을 걸었지만 치우천황은 아이들 장난처럼 가볍게 물리칠 수 있었습니다. 그래서 황제는 나중에는 포기하고 은둔 생활을 하게 됩니다.

역사서에는 황제가 치우천황과의 전쟁에서 최종적으로 승리했다고 되어 있는데, 그렇게 기록된 이유가 있나요?

중국 한족들이 역사를 조작한 것입니다. 대부분의 아이들이 골목 싸움에 져서 피가 나도 자신이 이겼다고 주장하지 않나요? 당연한 이치입니다. 져도 자신이 이겼다고 우기는 것, 이것이 지구의 시스템인걸요. 지금의 북한도 이와 같겠죠.

당연한 질문을 한 것 같네요. 그래도 그는 지구에 엄청난 업적을 남기고 간 것 같습니다. 우주인이 보는 『황제내경』은 어떤 책인가요?

동북아 의학의 원류로 평가받는 거대한 책이죠. 아무나 할 수 없고 아무나 해서도 안 되는 내용을 남기고 갔다는 것만으로도 황제헌원은 칭송을 받을 만한 것 같습니다.

『황제내경』은 우주의 이치를 인간의 몸과 비교하여 설명한 책으로 꼭 필요한 시점에 지구에 남겨준 선계의 선물이라고 보시면 됩니다. 이것이 있기에 중국이 동북아의

> 황제헌원黃帝軒轅은 중국을 통일해 국가를 세운 최초의 군주로, 사마천의 『사기』에 따르면 이 황제헌원으로부터 중국의 역사가 시작되었다고 한다. 그는 문자, 의복, 수레, 거울, 60갑자 등의 문물을 만들어 중국문명을 창시한 인물로 숭배를 받아왔다. 또한 황제헌원은 중국 의학의 시조로도 여겨지고 있는데, 현존하는 중국의 가장 오래된 의학서인 『황제내경黃帝內經』을 황제가 저술한 것으로 전해지기 때문이다. 『황제내경』은 황제가 질문하고 왕사王師격의 신하인 기백岐伯을 포함한 명의名醫들이 답변하는 형식으로 이루어져 있으며, 원시의학의 태동기 때부터 전해 내려오던 각종 의학적 경험을 집대성한 것으로 동양의학의 발전에 근간을 이루었다.
>
> 황제헌원은 배달국 14대 환웅이라고 알려진 치우천황과의 전쟁으로도 유명한데, 이에 대한 학자들의 이론은 '황제가 이기고 치우가 졌다', '치우가 이기고 황제가 졌다'는 두 가지로 나뉜다. 치우천황에 대한 기록은 『사기』를 비롯한 중국의 기록으로 전해지는데, 치우가 포악하여 난을 일으키자 헌원이 군대를 일으켜 탁록에서 치우를 잡아 죽였다는 내용이다. 하지만 헌원이 죽인 것은 치우가 아니라 치우천황 장수 중의 하나라는 기록도 있어, 어떤 것이 맞는지는 수수께끼에 싸여 있다.

패권을 잡을 수 있었다고 해도 과언이 아닌 훌륭한 역사서요, 의학서이며, 철학서입니다.

삼황오제

추가로 중국의 삼황오제에 대하여 더 문의하겠습니다. 일반적으로 삼황은 복희씨, 신농씨, 여와씨를, 5제는 황제黃帝, 전욱, 곡, 요, 순을 말하는데요. 전설에 의하면 삼황의 복희씨는 사람들에게 물고기를 잡는 법을, 신농씨는 농사법을 전수해 주었으며, 여와씨는 인간을 창조하였다는 설화가 있는데, 실제로 이들은 누구이며, 문명을 전해준 이들이 맞나요?

복희씨, 신농씨, 여와씨 모두 환웅시대에 살았던 분들입니다. 당시 환웅을 도와주기 위하여 태어나셨던 분들은 모두 선인입니다. 이분들 중 배달국에서 태어나신 분도 있고, 황하문명을 만든 후 그곳에서 태어나신 분도 있는데 신농씨와 여와씨는 배달국에서, 복희씨는 황하 이남에서 태어나셨죠. 이분들이 직접 통치했다고 보기는 어렵고 여러 관리 분야 중 한 분야를 담당하셨습니다. 한 분야를 전공하여 특화시킨 것이죠.

신농씨의 경우 여러 농사법을 전수하신 것이 맞으나, 복희씨의 경우 어로漁撈를 전수하신 것은 아닙니다. 농사와 함께 어로까지 신농씨가 관여하였죠. 여와씨에 대한 전설이 일부 과장되어 인간을 만든 것으로 되어 있으나 그렇지는 않고 여러 가지 도구를 만들어 보급하는 일을 하셨습니다. 흙을 이용한 토기와 옥가공술 등 생활에 필요한 다양한 도구들을 제작하고 보급하셨던 것입니다.

그럼 태호복희라고도 불리는 복희씨는 어떤 분인가요? 어로 이외에 역易을 만들어 널리 보급하신 분으로 알려져 있습니다.

복희씨는 지구에 내려오셔서 많은 일을 하신 분들 중 한 분입니다. 말씀하신 것처럼 역법을 만들어 세상의 이치를 밝히는 방법을 알려주셨죠. 세상 만물이 단순히 흘러가는 것이 아닌 어떤 법칙이 있음을 알려주신 분입니다.

이것은 우연을 가장한 필연으로, 우주의 흐름을 읽을 수 있으면 예측이 가능함을 보여주신 것입니다. 이것이 후일 점占이라는 형태로 일부 흘러가지만, 우주의 법칙을 찾아 나서는 이들에게 크나큰 등대를 설치한 것과 같습니다.

등대와 같다면 정확히 어떤 것을 의미하나요?

등대는 방향을 안내하죠. 많은 이들이 구도求道의 길을 가지만 어디로 가야 하는지 제대로 알려주는 분은 적습니다. 그러기에 일정 단계까지는 쉽게 갈 수 있지만 깨달음까지의 수많은 관문을 넘기 위해서는 피눈물 나는 노력이 필요합니다.

이때 방향을 제시할 수 있는 방법 중 하나가 바로 역법입니다. 단순히 지구에서 사용되는 것이 아닌 우주의 역법을 설명해주는 것이 태초의 역법이었습니다. 이것이 후일 주역周易[20]으로 발전하기도 하였죠. 주역 이전에 보다 쉽게 깨달음으로 갈 수 있도록 안내하는 도구였으나 후일 이런 방법들이 사라지면서 부연 설명이 필요하였던 것입니다.

그렇군요. 태호복희라는 분은 한 분인가요? 아니면 두 분의 이름이 합

---

20) 유학 오경五經의 하나. 만상萬象을 음양 이원으로써 설명하여 그 으뜸을 태극이라 하였고 거기서 64괘를 만들었는데, 이에 맞추어 철학·윤리·정치상의 해석을 덧붙였다.

성된 것인가요?

태호와 복희라는 두 분입니다. 둘이 같이 노력하여 많은 일을 하셨기 때문에 후대에는 한 분처럼 알려지게 되었습니다. 동료이자 도반이며 친구입니다.

이분들이 동이족이라는 설이 있습니다.

엄격히 따지면 동이족의 피를 일부 이어받았지만 일부는 중국 한족의 피도 같이 이어받았습니다. 그래서 큰 의미가 없을 수 있지만 어디를 기준으로 하는가에 따라서 해석은 달라질 것입니다.

동이족 조상이 있었다는 것 정도로 이해하면 되겠네요.

그렇죠. 환웅시대에는 지역별로 잦은 교류가 있어서 이동하면서 사는 분들도 있었습니다. 당시 지도층은 수련이 필수덕목이라 일정 기간 동안 다 공부를 했습니다. 단순히 이론을 배우는 것이 아닌 여러 지역을 돌아다니면서 수련을 통하여 우주의 이치를 배웠던 것입니다.

그 시대에는 우주의 흐름을 알고 그 흐름에 맞추어 사는 방법들을 익히고 또 본인이 익힌 것을 전하며 살아가신 분들이 많았습니다. 태호복희씨가 살던 시절, 헌원이 살던 시절에는 많은 분들이 깨달음을 얻어 인간들에게 천인이 되는 다양한 방법들을 알려주었죠. 그런 것들이 후세에는 수련법으로 전달되었고요.

그렇군요. 오제 중 황제는 국가를 세우고 관제를 정하고 문자를 만들었다고 하며, 요와 순은 덕이 많아 도덕 정치의 이상시대를 이루었다고 전해지지만, 전욱과 곡에 대해서는 뚜렷한 기록이 없는 것 같습니다. 전욱과 곡은 어떤 일을 하신 분들인가요?

전욱과 곡은 음률에 대해 공부하신 분들입니다. 악기를 만들고, 노래를 만들어 인간을 교화시키고 순화시키는데 노력하셨죠. 오제가 모두 통치자로 있었던 것은 아니나, 그만큼 큰 역할을 했다고 보시면 됩니다. 요순은 단군시대 초기의 지방 관리 정도로 이해하시면 될 것 같습니다.

단군시대 초기까지 동이족의 세력과 중국 한족의 세력은

비교할 수 없이 차이가 컸으나 점차 동등하게 되다가 당나라 이후 역전되기도 하였습니다. 그전까지는 대부분 동이족이 훨씬 강한 힘과 문물을 가지고 있었습니다.

> 삼황오제는 중국 고대의 전설적인 제왕을 말하며, 이들로부터 중국역사가 시작되었다고 전해진다. 삼황은 일반적으로 복희씨伏羲氏, 신농씨神農氏, 여와씨女媧氏를 말하며 천황天皇, 지황地皇, 인황人皇 또는 泰皇으로 기록하기도 한다. 복희씨는 사람들에게 물고기 잡는 법을, 신농씨는 농사법을 전해주었으며, 여와씨는 인간을 창조하였다고 한다. 한편 오제는 황제黃帝, 전욱, 곡, 요, 순을 일컫는다. 황제는 국가를 세우고 문자, 의복, 수레 등의 문물을 만들었으며, 전욱은 엄격한 법과 주종관계, 남녀관계 등을 확실히 세웠다고 한다. 또 곡은 각종 악기와 음악을 만들어 백성들을 즐겁게 했고, 요와 순은 도덕 정치의 이상시대를 이루었다고 전해진다.

중국의 동북공정

황하 중류 지역의 시안西安 지방에는 거대한 피라미드가 많이 있습니다. 엄청난 크기임에도 중국 정부에서는 제대로 발굴하지 않고 이것을 한족의 무덤(한 무제릉)으로 설명한다고 합니다. 한족의 무덤이 맞는지요?

그 피라미드들은 한족의 조상들의 무덤이라고 할 수 있습니다. 그런데 그 조상들이 동이족입니다. 환웅 선인께서 동이족을 이끌고 홍산으로 이동할 때 일부가 남아 황하 이남으로 이동하여 정착한 곳이 바로 시안 지역 인근이라고 말씀드렸죠. 이곳에서 한족이 거주하면서 대대로 문명을 발전시킬 수 있었던 것입니다.

피라미드의 주인들은 한나라 왕족이 아니라 그 이전 시대에 살았던 분들입니다. 문물을 전수해 주었던 분들의 유적이 남아 있기 때문에 이것을 알고 있는 중국에서는 발굴을 못하고 있는 것이죠. 점차 자신들의 역사를 설명할 논리를 만들면 만주 요하문명의 유적과 함께 대대적인 발굴 작업을 시작할 것입니다. 지금은 시간을 두고 자신들의 조상이 한족이라는 확신이 서는 유물부터 하나하나 발굴하고 있습니다.

동양 최대라고 하는 장군총보다 더욱 큰 것(200m 이상)처럼 보이던데요. 그 오랜 세월 동안 형상을 유지한 게 참으로 대단한 것 같습니다.

그것은 역사에 남기려는 당시 사람들의 염원이 모여서 만들어진 기운 때문입니다. 이것을 흔히 혼魂이라 표현하죠. 피라미드 자신이 스스로를 지키기 위하여 지금까지 노력하고 있는데, 중국 당국에서는 이것을 감추기 위하여 나무를 심는 등 위장을 많이 하고 있습니다. 그러나 피라미드가 넓은 들판에 있기 때문에 위장하기는 어렵죠.

그렇군요. 중국이 자신들의 역사를 설명할 논리를 만든다고 하셨는데, 그것이 동북공정인가요?

맞습니다. 중국 지도층들은 만주의 모든 역사가 동이족의 역사라는 것을 인정하고 있으며 지금도 동이족의 역사라 하고 있죠. 그러면서도 중화中華라는 사상으로 모든 것을 자기 것화 하려고 억지놀음을 하고 있습니다.

모든 동북아의 역사를 중화로 통일하려는 의도는 무엇인가요?

중국은 모든 문명을 통합하기 위해서 만들어진 땅입니다. 그래서 중국인들은 자신들이 알든 모르든 모든 것을 흡수하여 하나로 일체화시키는 능력을 가지고 있습니다.

하지만 이것이 잘못된 방향으로 흘러 지금까지 오게 된 것이죠.

잘못된 방향이란 구체적으로 어떤 부분인가요?

자신들을 앞에 세우는 것입니다. 모든 것을 자신들이 만들었으며, 자신들이 세계 문명의 중심이 되어야 한다는 잘못된 자아의 발현이라 할까요? 민족적 자아가 발현된 중국은 오늘도 모든 것을 자기 것으로 만들기 위해서 끝없이 노력하며 투쟁하고 있는 것이죠.

그들의 노력은 참으로 놀라울 따름입니다. 지금까지 3~40년간 모든 것을 숨어서 준비해 왔습니다. 끝없는 노력과 집념의 결과라 할 수 있죠.

동북공정의 근본적 이유를 좀 더 쉽게 설명해 주실 수 있나요?

동북공정은 모든 것을 중화로 통일하려는 현대판 역사 왜곡 공사입니다. 있는 그대로를 받아들이고 난 후 그것을 자신의 것으로 만들어야 하는데 그들은 그것이 너무도 부끄러운 것입니다. 자신들이 세계의 중심이라는 잘못된 인식으로 인하여 그렇게 되지 않을 경우 너무도 심한 좌절감과 굴욕감을 느끼는 것이죠.

그 이면에는 아주 오래된 과거가 있습니다. 중국은 미개한 나라였지만, 환인, 환웅, 단군의 시대에 많은 문물을 받아들이면서 같이 발전할 수 있었습니다. 그러면서 주인집 도령인 동이족을 사모하고 흠모하게 되지만 같아질 수 없음을 알고, 자신들의 처지를 한탄하면서 세월을 보내다 이제는 자신이 주인이 되고자 하는 꿈을 꾸게 된 것입니다. 그래서 시작된 것이 동이족에 대한 도전이며, 황제黃帝의 전설입니다. 황제는 동이족의 한 후손이지만 그를 시조로 앞세워 훌륭한 조상 밑의 후손으로 가문을 세우려는 것이죠.

부러움이 극에 달하여 시기하는 단계에 이르러 이제는 동이족의 역사를 자신의 역사로 만들고자 하는 것이군요.

그렇습니다. 중국과 일본은 동이족이 너무도 부러운 것입니다. 그래서 계속적으로 동이족의 역사를 말살하여 자신들을 앞에 세우려는 것이지요. 하지만 진실은 역사라는 도도한 흐름 속에서 밝혀질 수밖에 없는 것입니다.

언제부터 한족은 동이족의 역사를 말살하기 시작하였나요?

그 유명한 분서갱유焚書坑儒[21] 사건이 발생한 진나라 진시황제 때입니다. 그는 자신들의 모든 것이 동이족의 역사라는 것을 알았습니다. 그래서 모두 사라지게 할 방법으로 찾은 것이 바로 분서갱유입니다.

이때부터 그 많던 고조선의 사료들이 대부분 사라지게 되었죠. 그전에는 중국인 모두는 만주를 자신들의 고향으로 생각하고 언제나 그리워하였습니다. 그러나 기존 자료들이 모두 사라지고, 지도층에서 왜곡한 사료로 오랜 기간 교육을 받으면서 이제는 자신들의 모든 것이 동북아의 중심이라고 굳게 믿게 된 것이죠.

---

21) 중국의 진시황이 승상 이사李斯의 말에 따라 언론을 탄압한 정책. 학자들의 정치 비판을 금하기 위하여, 의약·복서卜筮·농업에 관한 책을 제외한 모든 학술서적을 불태워 버리고 유학자를 생매장했다.

그런 역사의 흐름이 지금까지 이어지고 있는 것이군요. 중국에서 만주의 역사를 숨기고 일부만 공개, 발굴하는 이유는 무엇인가요?

> 시간을 벌기 위해서입니다. 중화라는 사상 아래 모든 것을 통합할 시간이 필요한 것이죠. 역사는 해석하기에 따라 달라질 수 있지만 언제나 주의할 사항이 있는데, 그것은 있는 그대로를 인정해야 한다는 것입니다.
>
> 중국은 있는 그대로의 자신을 인정하기 싫은 것입니다. 자신들이 우월하고 위대하다는 믿음이 땅에 떨어지는 것이 싫기 때문이죠. 그래서 자신의 논리로 설명할 시간이 필요한 것입니다. 억지 춘향이라고 할 수 있죠. 그들이 아무리 억지 춘향을 해도 역사의 진실은 피해갈 수 없습니다. 그렇다고 해도 한국의 역사가들은 더 노력해야 합니다. 너무 안일하게 대처하는 경향이 있습니다.

동이족의 더 오래된 유적이 만주 요하 지방에서 발견될 확률이 있나요?

> 머지않아서 더 오래된 동이족의 유적이 요하와 그 인근에서 발견될 것입니다. 그곳은 동이족의 오랜 터전이었기에

황하 중류 지역 인근의 시안 지방에서 15개가 넘는 피라미드가 1945년 미국 수송기 조종사에 의해 처음으로 발견되었다. 그리고 1947년 3월 28일자 〈뉴욕타임스〉에서 '미국 조종사의 시안 서남쪽 외딴 산의 거대 피라미드 발견'이란 제목으로 보도되었다. 당시 중국은 피라미드의 존재 자체를 부인했는데, 이 피라미드들이 진시황릉보다 수천 년 앞선 것임이 밝혀졌기 때문이다. 시안 지방의 피라미드는 300m가 넘는 것도 있다고 하며, 고고학자 왕시핑 교수는 시안 일대에 피라미드가 처음 세워진 시대를 4,500년 전으로 보았다.

중국은 국경 안에서 전개된 모든 역사를 중국 역사로 만들기 위해 2002년부터 동북쪽 변경 지역의 역사와 현상에 관한 연구 프로젝트를 추진해오고 있는데, 이것이 바로 동북공정東北工程이다. 2006년까지 5년을 기한으로 시작되었지만, 그 목적을 위한 역사왜곡은 지금도 진행 중이다. 궁극적인 목적은 동북 지역, 특히 고구려와 발해 등 한반도와 관련된 역사를 중국의 역사로 만들어 한반도가 통일되었을 때 일어날 수 있는 국경·영토분쟁을 방지하는 데 있다.

> 한편 탐원공정探源工程은 중국문명의 기원을 확실히 한다는 중국사 확립 프로젝트이다. 2003년에 시작되어 현재에도 진행 중이며, 궁극적인 지향점은 전설상의 임금인 삼황오제의 시기를 확립하여 역사 영역으로 포섭하는 것이다. 이 탐원공정에서는 '요하문명론'을 내세우고 있는데, 1만 년 전 요하 일대에서 중국문명이 시작되었다는 것이다. 황하문명을 기초로 한 중원문화보다 시기적으로 앞서고 발달된 신석기 문화인 홍산문화가 요하 일대에서 발굴되자, 중국 정부는 홍산문화를 중화문명과 연결하는 작업에 나선 것이다. 하지만 홍산문화는 배달국 시대의 대표 문화이기 때문에, 요하문명권과 한반도의 연계성을 단절시키려는 중국의 탐원공정은 많은 논란을 불러일으키고 있다.

시간이 지나면 발견될 수밖에 없지요. 이미 더 오랜 문명의 유적도 발견되었으나 아직 소화하지 못한 중국이 적당한 논리를 만들며 공개하지 않고 있다고 보시면 됩니다.

하지만 중국의 마음을 이해해 줄 필요성이 있습니다. 기운으로 치면 한국이 형님이 되기 때문입니다. 중국과 일본은 동생뻘입니다. 형님이 동생들을 바라보는 마음은 너그러워야 합니다. 하지만 때론 위엄을 갖출 필요도 있지요.

이제는 오랫동안 뒤에서 고개 숙이고 있던 동이족이 다시 역사의 전면에 나올 때가 되었습니다. 올해는 동이족의 역사를 밝히는 유적들이 많이 발견될 것입니다.

중국의 역할

황하, 장강문명 등 중국의 문명이 가지는 의의는 무엇인가요?

중국 쪽의 문명은 성립 자체가 한민족의 발전을 보조하거나 견제를 통해 성장을 돕도록 하는 의미로 만들어진 것입니다. 바둑으로 보면 포석과 같은 것인데, 결국 최종 목적은 동이족, 즉 한민족의 잠재력을 극한까지 응축시켜 앞으로 다가올 지구 대변화기에 동이족을 폭발시킬 수 있게 하는 압축기와 같은 역할이었다고 할 수 있습니다.

압축기의 역할이라고요? 좀 더 구체적으로 말씀해 주실 수 있으신가요?

중국의 발원이 동이족에 뿌리를 두고 있다고 하더라도,

그들은 나름대로 독자적인 발전을 이룩해왔습니다. 더군다나 실크로드를 통한 서방과의 교류는 여러 분야의 진보를 가져와 오히려 동이족에게 영향을 주기도 하였지요.

이것은 물질문명이 정신문명을 점차적으로 잠식하는 시작 단계라고도 볼 수 있습니다. 물질문명은 그 속성상 3차원의 물질계인 지구에서 우위를 점할 수밖에 없습니다. 인간은 육체를 지니고 있어 물질에 영향을 많이 받는 존재이니까요. 이러한 과정을 거쳐 물질문명에 기반을 둔 정신문명으로 발전하는 것이 정상적인 흐름입니다.[22]

물질문명이 먼저 발달한 영향으로 중국은 역사 전반에 걸쳐 한국보다 힘에 있어 우위를 차지하게 됩니다. 수많은 침입으로 한민족을 단련시키고, 때로는 지배하는 과정을 통해 한민족에게 한(恨)의 정서를 응축시키기도 하고요.

단련시킨 것은 이해가 되는데, 한의 정서가 응축된 것이 좋은 영향이 있나요? 사람으로 보면 한 맺힌 사람일수록 가슴이 많이 막혀 있고, 풀어

---

[22] 자세한 내용은 『플레이아데스가 말하는 지구의 미래』 p.95 참조.

야 할 것이 많은 것 같습니다.

> 그렇죠. 그런데 그것과는 약간 다른 의미입니다. 동이족이 원래 유목민족이라고 말씀드렸죠? 한반도의 좁은 영토가 아니라 광활한 만주 대륙에서 큰 활을 매고 말 타고 달리던 민족입니다. 그렇게 호방한 기상이 DNA에 내재된 민족인데, 한반도로 밀려 내려오면서, 또 외세의 압박에 눌리고 눌려서 정서적으로 압축된 상태가 되었지요. 이것을 한이라고도 하는데, 봇물이 터진다는 표현처럼 한으로 억눌려 있던 민족의 기상이 표출될 때 엄청난 파워로 뻗어 나갈 수가 있습니다. 한류韓流가 그런 속성을 일부분 보여준 것이라고 할 수도 있습니다.

동이족이야 이런 내용을 읽으면 기쁘겠지만 다른 분들, 특히 중국 쪽이 안 좋아하겠는데요.

> 그렇다고 사실을 왜곡해서 말할 수 있나요. 오히려 자신들의 이익을 위해 동북공정이니 탐원공정이니 하는 왜곡을 단행하고 있는 것은 중국 쪽인걸요. 전 객관적인 입장에서 과거를 아우르는 우주인의 시각으로 말씀드리겠습니다.

동이족의 지류支流

한민족에게 물질문명의 영향을 주고, 폭발적인 힘을 응축시켜주는 압축기의 역할도 하는 것이 중국이 발원한 본래의 목적이라는 말씀이시죠?

네. 또한 현시대에서는 한 가지 역할이 더 있어요. 바로 한민족의 압축된 힘이 폭발적으로 팽창할 때 그것을 받아 확대시키는 역할입니다. 중국에서 한류가 갑자기 휩쓸게 된 것도 그런 전조이지요. 한국의 팽창력을 받아 급속히 확산시키는 역할로, 앞으로의 정신문명의 시대에도 한국의 선문화를 폭발적으로 전파시키는 것입니다.

중국문명과 우주인들과의 관계는 어떤지요?

중국의 전 역사에 걸쳐서 정신 계통은 헤로도토스에서, 물질 부분은 시리우스를 포함한 타 별에서 영향을 미쳤습니다. 도가 계열이 헤로도토스의 영향을 알게 모르게 받았죠. 노자, 장자, 공자와 같이 선인 출신도 많고, 그밖에 제자백가로 이름을 남긴 철학자 중에 헤로도토스 출신도 종종 있습니다.

제자백가가 출현한 춘추전국 시대야말로 정말 중국에서 정신문명의 황

금기라고 할 수 있을 것 같습니다. 이 시기에 특히 선인과 많은 우주인들이 태어난 이유가 있나요?

춘추전국시대는 별들의 전쟁이라고 할 수 있습니다. 제자백가로 대표되는 인물들은 선계를 비롯한 헤로도토스, 헤드로포보스 등 정신문명이 발달한 별에서 내려와 자신들의 역량을 시험해 보았고, 전쟁할 때 실질적인 무력의 행사는 플레이아데스, 시리우스 등 좀 더 낮은 차원의 우주인들이 지구에 태어나 경험하고 돌아갔습니다.

이 시기는 현시점, 즉 곧 다가올 지구의 차원 도약을 위한 샘플과 같다고 할 수 있습니다. 현시점도 선인 출신을 비롯한 온갖 우주인 출신에, 실제 우주인들까지 지구의 일에 관여하고 있어 지구는 별들의 전쟁터라고 할 수 있지요.

춘추전국시대가 지금 지구 상황의 샘플이었다니 참 엄청나게 독특한 해석인 것 같습니다.^^ 그렇다고 제가 딱히 반박할 논리도 없고…. 그렇다면 춘추전국시대의 샘플을 통해서 무엇을 얻었나요?

지구는 그 자체로 우주의 온갖 인종들이 모여 있는 곳입니다. 지구로 비유하자면 온갖 인종이 모여 있는 미국과 같은 곳이죠. 출신 별에 따라 각각의 수준도 다르고 성향도 다르죠. 이러한 상황에서, 지구의 차원 상승 시점에 각종 우주인들의 개입과 그에 대한 변수들을 고려해보기 위한 일종의 데이터 수집과 같은 것이었습니다. 무력과 무력의 대립, 그리고 무력과 정신의 충돌과 교류 등 지금의 지구에서 발생할 수 있는 모든 조합과 변수들이 춘추전국시대에 관찰되고 기록되었던 것입니다.

그렇다면 그 데이터의 수집을 통해 얻어진 결론이 있었나요?

특정한 결론을 내기 위한 것은 아니었습니다. 다양한 데이터와 변수의 수집이었던 것이죠. 특이할 만한 사실은 물질과 정신의 충돌에 대한 부분인데 펜은 칼보다 강하다는 진리가 여기에서 도출되었습니다.

무력과 사상이 대립하게 되면 초기에는 무력이 신념이나 사상을 압도하는 듯 보이지만 사상은 점차 구성원들의 사고를 바꾸어가고, 그것은 결국 사상을 전달한 주체와 융화를 이루어가게 됩니다. 다져진 흙에서 싹이 피어나고, 그 싹이 땅 위를 덮는 과정과 같죠. 물질문명과 정신문명의 관계도 이와 같습니다.

6부

북한, 일본과의 관계

★ ★ ★

한국과 일본은 가까우면서 먼 나라가 되었습니다. 원래 출발은 한 뿌리에서 나왔으나 지리적으로 떨어져 있게 되어 서로 말도 통하지 않는 관계가 되었지만 다시 과거의 순수했던 시대로 돌아가야 할 때입니다. 이제는 과거를 청산하고 동이족의 후손으로 하나 되어 함께 나아가 서로에게 주었던 많은 상처들을 사랑으로 보듬어 안아야 할 때인 것이지요. 더 이상 정치인들의 농간에 넘어가지 말고 국민들이 깨어나 행동하면 좋겠습니다.

남북 관계

남한과 북한은 동이족이라는 큰 틀 안에서 한 가족인데, 형제간의 싸움이라고 할 수 있는 6.25 남북전쟁이 꼭 일어나야 할 사건이었나요?

남북전쟁은 일어나지 않아도 될 사건이었지만, 사상의 우월성을 과시하기 위하여 벌어진 전쟁이라고 할 수 있습니다. 참으로 안타까운 일이죠. 지금까지도 많은 이들의 마음을 아프게 하고 있으니 이 상처를 달래고 치유하는 것이 중요합니다.

전쟁 이후 남북분단이 고착화되어 지금까지 이어지고 있습니다. 가족과

생이별하신 분들과 고향을 등지고 살아가는 실향민들에게는 더 이상 갈 수 없는 곳이 되었고요. 이러한 남북분단이 가지는 의미가 있나요?

한국은 전쟁과 분단이 없이도 21세기를 준비할 수 있었습니다. 그러나 서로 단결하지 못하여 지금까지 오게 된 것이죠. 주변의 강대국들이 한국의 통일을 원하지 않는다고 해도 스스로 방법을 찾았다면 충분히 가능한 일이었습니다. 그러나 남과 북이 자신들의 체제를 지키기 위하여 서로를 비난하며 많은 에너지를 낭비하였죠.

남과 북의 분단은 전체적으로 지구 기운의 불균형을 대표한다고 할 수 있습니다. 사상의 불균형과 자본의 불균형 등 모든 것이 포함되죠. 그 중에서도 심각한 것은 설익은 과일을 잘못 먹었다는 데 있습니다.

남과 북은 서로의 사상이 완벽할 것이라는 생각으로 많은 오류를 범하고 있습니다. 자본주의도 처음 출발과는 다르게 몇몇 권력 집단에 의하여 조정되고 있으며, 사회주의는 인간들의 의식 수준이 뒷받침되지 않은 상태에서는 성공할 수 없는 것인데 이상에 빠져서 현실을 제대로 보지 못하는 오류를 범하고 있죠. 이 모든 오류에서 벗어나는 것은 현실을 직시하는 것임에도 그러지 못하고 지금까지 오고 있습니다.

지구상에서 사회주의, 공산주의가 제대로 성공한 곳이 없죠. 그래서 이 점을 개선하기 위해 자급자족할 수 있는 여건을 만들도록 노력해야 함에도 그렇지 못하고 세력을 유지하는 데 너무 많은 에너지를 낭비한 것이 북한의 잘못이라고 할 수 있습니다. 외부와 단절할 것이면 쿠바처럼 식량이라도 자립할 수 있는 여건을 만들어야 하는데 군사기술 개발에 모든 에너지를 쓰다 보니 가장 기본이 되는 국민의 식량을 해결하지 못하고 말았죠.

남북의 계속된 긴장 상태로 인해 에너지 낭비가 심한데, 이것을 개선할 수 있는 방법이 있나요?

지금은 과거처럼 서로의 우월성을 증명하고 잘난 체하던 시절은 지나갔습니다. 이제는 전 세계적으로 진행되고 있는 격변기에 서로서로 힘이 되어야 하는 시기입니다. 서로의 체제를 인정하고 서로 가진 것을 교류해야 할 때입니다.

지금은 남과 북이 서로 도발할 수 없다는 것을 너무도 잘 알고 있습니다. 작은 국지적인 충돌은 가능할 수 있지만, 서로가 전쟁은 원하지 않는 것이죠. 그러나 주변에 있는 많은 국가들은 남북의 장점이 하나로 합해지는 것을 원하지 않습니다.

이 점을 이용하여 권력자들이 주기적으로 긴장을 유발하고 서로에게 싸움을 걸려고 하죠. 이것을 국민들은 명확히 인식해야 합니다. 남과 북이 서로 대치하면 대치할수록 손해라는 것을요.

결국 국민이 깨어 있어야 하는 것인지요?

그렇습니다. 지금은 인터넷으로 모든 것이 공유되는 사회이죠. 많은 정보들이 교류되고 있어서 권력자들이 예전처럼 쉽게 자신의 뜻대로 하지 못하고 있습니다. 결국 이런 것은 국민들이 해야 할 몫입니다.

네. 민심이 천심이라는 생각이 듭니다.

일본의
영원한 고향, 한국

이번에는 한국과 일본의 관계에 대하여 알아보았으면 합니다. 고대 일본에 가장 영향을 미친 나라는 어떤 나라인가요?

고조선시대부터 일본과 한반도는 서로 밀접한 관계였지만 가장 많은 교류를 하였던 곳은 가야입니다. 가야는 한국 역사에서 크게 부각되지 못하였으나 실제로는 상당히 부강한 나라였습니다.

가야가 일본에 가장 많은 영향을 주었다고 하셨는데, 어떤 식으로 영향을 주었나요?

한반도에 있던 여러 국가들이 대부분 항해술이 발달하지 않아서 외국과 교류하는 데 어려움이 있었으나 가야는 내륙보다는 바다를 통하여 교류했기 때문에 많은 나라의 문물을 일본에 전해줄 수 있었습니다.

그러다 백제가 한반도에 정착하고 바다를 장악하면서 점차

가야의 세력이 약화되었죠. 자연스럽게 일본과 백제의 교류도 늘어나게 되었고요. 근초고왕 때를 전후하여 많은 사람들이 일본으로 이주하기 시작하였습니다. 당시 정복전쟁에 능했던 백제는 바다 건너 일본도 점령하였습니다.

당시 한반도에서 일본에 영향을 미치는 곳이 많지는 않았는데 백제가 본격 진출하면서 일본의 많은 지역에 문물이 빠르게 확산될 수 있었습니다. 그러면서 일본에 통일된 세력들이 등장하기 시작하였던 것입니다.

일본에 통일된 세력들이 등장하였다고 하셨는데 그들은 누구였나요?

그들은 한반도에서 이주한 백제와 가야의 왕족들이었습니다. 백제가 가야 영토의 상당 부분을 점령하면서 일부가 일본으로 집단 탈출을 하였고 그들이 정착하여 일정 수준에 이르렀을 때 백제에서 많은 사람들이 일본으로 진출하여 세력을 다지게 되었습니다.

초기에는 백제와 가야 세력들의 주도권 다툼이 있었으나 점차 백제의 지원하에 백제계가 모든 패권을 쥐고 하나로 통합할 수 있었습니다. 백제가 당나라에 패망할 무렵에는 일본이 거대 국가로 성장할 수 있었지만, 일본을 자체의 국가보다는 백제의 한 영토 개념으로 보시는 것이 맞습니다.

초기 일본의 왕실은 백제의 지방 정부 정도였나 보군요. 하지만 일본에서는 임나일본부라는 것을 주장하고 있습니다. 특히 광개토대왕비에 임나일본부라는 내용이 있다고 하면서 자신들이 한반도 남쪽을 몇 백 년 동안 지배했다고 하는데 이것을 어떻게 설명할 수 있나요?

일본의 권력층은 한반도에서 진출한 사람들이었습니다. 그래서 백제와 가야 등이 멸망한 후에 한반도의 역사를 자신들의 역사로 기록하게 된 것이죠. 지금 한반도는 남북으로 분리되어 있고, 고구려 영토의 대부분은 만주 지역에 해당합니다. 그러나 한반도의 역사에 고구려와 고조선의 역사를 기록하듯이, 조상들의 역사를 자신의 것으로 표현하는 것은 지극히 당연한 수순이 될 것입니다.

문제는 일본의 역사가들이 자신들의 뿌리가 되는 한국과 동이족의 역사는 언급하지 않은 채 오직 일본 열도에서 자생한 것처럼 주장하는 것이라 할 수 있어요.

임나일본부설任那日本府說은 일본의 야마토왜大和倭가 4세기 후반에 한반도 남부 지역에 진출하여 백제, 신라, 가야를 지배하고, 특히 가야에는 일본부日本府라는 기관을 두어 6세기 중엽까지 직접 지배했다는 주장이다. 일본은 임나일본부설에 대한 증거로 일본 고대사서인 『일본서기日本書紀』의 내용과 일본의 고대 도검류 유물인 '칠지도', '광개토대왕비문', 중국의 『송서宋書』 왜국전倭國傳 등을 내세우고 있다. 하지만 『일본서기』는 여러 가지 모순된 사실을 기술하고 있어 그 신빙성과 사실성이 의문시되고 있으며, 칠지도는 백제가 왜倭 왕실에 하사한 것인지, 헌상한 것인지 아니면 단순히 우호의 표시로 증여한 것인지 그 성격이 명확하지 않다. 그리고 광개토대왕비문과 중국 『송서』 왜국전의 해석에서도 한국과 일본은 이견을 보이고 있다.
임나일본부설에 대한 연구는 17세기 초에 시작되어 19세기 말에는 정설로 뿌리를 내렸고, 일본 제국주의의 한반도 침략과 식민 지배를 정당화하는 논리로 이용되었다. 그러나 '임나일본부'란 명칭은 『일본서기』에서는 나타나지만 한국의 기록에는 전혀 나오지 않기 때문에, 한국 학계에서는 대체로 임나일본부의 존재 자체를 부정하고 있다. 이렇게 임나일본부설은 한일 양국 학계의 최대 쟁점이 되어 왔다.

그렇게 말씀하시니 이해가 되네요. 그런데 일본인들이 틈만 나면 한반도로 진출하려는 이유가 있나요?

백제가 멸망한 후에 일본인들은 자신들의 고향을 잃은 것과 같은 상실감에 빠지게 됩니다. 그래서 언제든 고향에 돌아가겠다는 염원이 대대손손 이어지게 된 것이죠. 부모 잃은 자식의 원한이라는 표현이 가장 적절한 것 같네요. 하지만 한반도에서 분리되면서 자유롭게 왕래할 수 없게 되고, 문명이 뒤처지게 되었죠. 세월이 흐르면서 일본의 문화는 정체되고 한반도와 격차가 점차 벌어지면서 열등감이 심화되었던 것입니다.

백제가 멸망한 지 오랜 시간이 지났는데도, 일본은 한반도를 잊지 못하였나요?

일본은 동이족의 뿌리에서 나왔습니다. 그러다 보니 당연히 한반도와 만주는 자신들이 돌아가야 할 약속의 땅이 된 것입니다.

결국 일본은 한국을 점령하게 되는데요. 일제 강점기가 시사하는 한일관계는 무엇인가요?

한국과 일본은 서로 형제의 국가가 될 수 있는데, 너무 오랜 세월 동안 서로를 외면하면서 으르렁거리며 살았죠. 그러다 일본이 서양의 물질문명을 먼저 받아들이면서 빠르게 발전했습니다. 그 힘을 바탕으로 조상들의 오랜 꿈을 실현하기 위하여 한반도로 진출한 사건이 일제 강점기입니다.

못다 이룬 꿈이 되었지만, 그들의 내부에 꿈틀거리는 욕망을 다소나마 해소시킨 역사적 사건이 될 수 있습니다. 하지만 서로 떨어져 지낸 세월이 너무 오래되었기에 강점기처럼 강제로 하나가 되기 위한 방법은 오래가지 못했습니다. 그래서 서로에게 상처만 주고 다시 원점으로 돌아갔던 것입니다.

독도, 대마도, 간도의 영유권

일본이 독도를 자신의 땅이라고 1,900년대 초부터 주장하는 이유는 무엇인가요? 바다 한가운데 있는 작은 돌섬인데요.

독도는 예전부터 한반도 관할로 해양 생물들의 천국이었습니다. 매년 여름에 울릉도와 강원도, 경상도 어부들이 물고기와 해산물 채취를 위하여 거주하기도 하고, 때론 국가 정책으로 거주를 못하기도 하였지만 한국의 관할이 맞습니다.

일본이 한반도를 침략하여 점령하는 데 있어 당시 가장 문제가 된 것은 러시아 해군이었습니다. 그들을 효과적으로 방어할 수 있는 방법 중의 하나가 바로 울릉도와 독도를 기점으로 하는 것이었죠. 울릉도는 큰 섬이고 계속 주민들이 거주하였기 때문에 영유권을 주장하기에는 무리가 있었으나 독도의 경우 울릉도에서 상당한 거리에 있고 필요에 따라 사용하는 반 무인도였기 때문에 그들이 점령하여 사용하는 데에는 무리가 없었습니다. 그래서 자신들의 땅이라고 주장하기 시작한 것입니다.

당시 일본이 한반도를 점령하기 위한 전초 단계에 있었기 때문에 독도를 먼저 자신들의 땅이라고 주장해도 전혀 이상할 것이 없었습니다. 왜냐하면 곧 한반도가 일제 강점기에 들어갔기 때문이죠.

문제는 일본이 패망한 후에도 계속 자신들의 땅이라고 주장하는 것입니다. 연합군에 항복하면서 그들이 차지했던 영역에서 물러났지만 한국 전쟁으로 제대로 관리되지 못하는 독도를 보면서 다시금 차지하고자 했던 것입니다. 그러나 한국민들의 방어로 이루어지지 못하자 이즈음을 계기로 또 자신의 땅이라고 우기기 시작하였습니다.

일본이 독도를 자신의 땅이라고 주장하는 또 다른 이유는 독도가 가지는 에너지 측면 때문입니다. 독도 해역 주변에 엄청난 에너지가 분출되고 흡수되는 지역이 있습니다. 이 에너지로 인하여 주변 해역이 관리되는데 이것을 정확히는 몰라도 심정적으로 중요성을 인식하는 것입니다. 너무도 중요한 지역일 것이라는 막연한 생각이 들면서 되든 안 되든 계속하여 자신들의 것이라 우기는 것이죠. 그러나 결코 그들의 영역이 될 수는 없는 곳입니다.

어린아이가 막무가내로 떼쓰는 것과 같네요.

네. 알면서도 우기다 보면 점차 그 영향이 전 국민에게 퍼지면서 소문이 되고 진실은 알아보지도 않고 소문을 진실로 믿게 되는 것이 지구의 시스템입니다.

그렇군요. 부산 앞에 있는 대마도가 조선의 영토였기 때문에 한국이 영유권을 주장해야 한다고 하는 분들이 있습니다. 이것은 어떤가요?

대마도는 한국의 영토도 일본의 영토도 아닌 중간적 입장에 있던 곳입니다. 어느 나라의 힘이 강했는가에 따라서 소속이 달라졌던 것이지요. 하지만 그곳에 거주하는 사람들은 심정적으로 일본에 가깝습니다. 지리적으로는 한국에 가까워도 그들은 일본을 본거지로 생각하고 있습니다.

한때 세종대왕께서 정벌하였다 해도 그들은 다시 일본으로 넘어갔죠. 그렇기 때문에 일본이 독도를 자신의 영역이라 주장하면 한국인들은 대마도를 한국 땅이라 주장하자고 하여도 이것은 좋지 않은 방법입니다. 한국은 정도正道를 걸어야 할 나라이기 때문입니다.

일본이 중국에 넘긴 간도를 한국의 영토로 주장하는 것은 가능할 것입니다. 예로부터 간도는 한국의 영토였으며, 한반도의 영역이었기 때문에 한반도와 같은 기운으로 연결되어야 하나 현재는 끊어진 상태로 있습니다. 남한, 북한, 간도가 서로 끊김 없이 소통될 수 있어야 한반도의 기운이 제대로 흐를 수 있습니다.

머지않은 시기에 남한, 북한, 요동은 하나로 연결될 것입니다. 이때 제대로 된 한반도의 힘이 전 세계로 뻗어 나갈 수 있을 것입니다.

이제 동이족의 고향이 되는 요동이 바로 서야 할 때인가 보군요. 그런데 한국이 요동(간도)의 영유권을 주장하기에는 시간이 많이 흘렀습니다. 이 점은 어떻게 보시는지요?

한국에서 요동과 간도의 영유권을 강하게 주장할 것까지는 없으나 일본에서 청나라에 만주철도 부설권[23]을 위하여 넘긴 간도에 대한 사항은 정확하게 조사하여 역사에 남길 필요가 있습니다. 그러나 한국 정부나 역사학자들

---

[23] 1909년 9월 4일 일제와 청나라 사이에 맺어진 간도 협약에서, 간도를 청나라에 넘겨주는 대신 일본이 얻은 부설권. 이후 일제는 만주 전역에 36개 노선의 '침략 철도'를 깔았는데, 이들 철도로 은, 동, 아연 등 지하자원을 조선으로 실어 날랐다고 알려져 있다.

은 이 점을 덮어 두려고 하고 있죠. 영유권을 주장하는 것과 관계없이 정확한 역사를 위한 조사는 꼭 필요합니다.

이것은 머지않은 시기에 전 세계적으로 국경선의 경계가 필요 없어졌을 때 동이족 후예들의 마음을 풀어줄 수 있는 방법이 될 것입니다. 그들은 남북 분단으로 조국으로 넘어오지 못하고 만주에 거주하게 되었죠. 그들의 아픈 마음을 달래줄 수 있는 방법이 필요하며, 그들의 명예를 회복시켜 주는 것이 그 출발점이 될 것입니다.

만주뿐 아니라 연해주를 포함하여 일제 강점기에 해외에 나간 이들의 노고에 대하여 국가에서 인정하고 그들을 위한 적극적인 노력이 필요한 시점입니다. 그렇지 않고는 동이족의 대단결은 어려울 것입니다. 단순한 경제 논리가 아닌 마음에 맺힌 한을 풀어주는 것이 꼭 필요합니다.

동이족의 대단결을 위해서는 마음의 한이 풀어져서 남북과 요동, 연해주를 아우르는 기운의 띠를 조성할 필요가 있겠네요.

네. 한반도는 지금의 압록강과 두만강이 경계가 아닌 요동과 연해주를 포함할 때 기운이 제대로 흘러 진정한 한반도가 될 수 있습니다.

향후
한일 관계

동이족의 위대한 역사를 기록한 많은 책들이 모두 사라지고, 동이족의 역사는 전설로 내려오거나 원본이 아닌 근래에 편집, 제작된 몇 권의 책으로 존재할 뿐입니다. 이것은 역사의 아이러니가 아닌가 합니다.

동이족의 역사가 사라진 것은 안타까운 일이지만, 일반적인 역사의 흐름으로 보면 자연스러운 현상이지요. 하지만 대부분 사라졌다고 해도 세계 어딘가에는 기록되어 있는 자료들이 존재하고 있습니다.

동이족의 역사책과 자료들은 진시황 때의 분서갱유와 고구려의 멸망, 고려의 멸망, 임진왜란, 조선의 멸망 등 시대적으로 획을 긋는 시기에 집중적으로 사라졌습니다. 일부는 권력자들에 의해 시대를 왜곡하기 위하여 불살라지고, 일부는 타 권력자들이 자신들의 역사를 알고자 탈취하여 보관하고 있습니다.

또 동이족의 수많은 역사책과 자료들이 일본 황실과 일본 명문가의 비밀 서고에 있습니다. 아직 공개될 시점이 아니라 감춰져 있지만, 머지않은 시점에 일부가 공개되면서 역사의 판도를 바꾸게 될 것입니다. 그전에 한국에서 일본인들이 가지고 있는 아니 일본의 조상들이 가졌던 뼈아픈 과거를 풀 수 있는 기회를 주어야 합니다.

네. 한국인들은 임진왜란과 일제 강점기로 인하여 원한이 많고, 일본인들은 과거 삼국시대의 원한이 많은 것 같습니다. 이제는 과거를 정리하고 지구 대변화기를 맞이하기 위한 두 나라의 올바른 관계에 대하여 말씀해 주실 수 있나요?

한국과 일본은 가까우면서 먼 나라가 되었습니다. 원래 출발은 한 뿌리에서 나왔으나 지리적으로 떨어져 있게 되어 서로 말도 통하지 않는 관계가 되었지만 이제 다시 과거의 순수했던 시대로 돌아가야 할 때입니다.

각 국의 입장에서 보면 서로가 서로에게 상처를 주었습니다. 한국인들은 일제 강점기를 생각하면서 사과를 요구하지만, 일본인들은 기억에도 없는 천 년도 지난 사건이 유전자에 각인되어 원한을 품고 있으니 이것이 어찌 쉽게 해결될 수 있을까요?

일본이 항복하고 서로 관계를 복원한 지 50년이 지났고, 이제 일본과 한국은 서로의 나라를 관광하면서 너무 쉽게 찾는 곳이 되었죠. 한류를 통하여 많은 일본인들이 한국에서 쇼핑하고 여행하며 휴가를 보내고 있고, 한국인들도 남녀노소 관계없이 일본을 여행하고, 견학하고 있습니다. 서로 교류하며 가깝게 지내지만 정서적으로는 아직도 극과 극을 달리고 있습니다.

하지만 이것이 국민들의 마음이 아님을 알 수 있을 것입니다. 정치인들이 자신들의 이익을 위하여 서로에게 도움이 안 되는 억지를 쓰고 있는 것이죠. 일본은 먼저 독도에 대한 영유권 주장을 철회해야 하고, 한국은 그들이 바른 행동을 할 수 있도록 시간을 줄 필요성이 있습니다. 결국 형이자 부모의 위치에 있는 곳이 한국이기 때문입니다.

또한 일본의 권력가들이 가지고 있는 수많은 역사서와 문화재들을 한국으로 속히 돌려주는 것이 필요합니다. 이것이 세상으로 나올 때 모든 문제는 해결될 수 있을 것입니다.

이제는 과거를 청산하고 동이족의 후손으로 하나 되어 함께 나아갈 때입니다. 서로에게 주었던 많은 상처들을 사랑으로 보듬어 안아야 할 때인 것이지요. 더 이상 정치인들의 농간에 넘어가지 말고 국민들이 깨어나 행동하면 좋겠습니다.

7부

동이족의 미래

★ ★ ★

본래의 동이족 문화는 인디언 문화의 본류로 자연과 함께 하고 동물과 한 가족으로 살았던 문화입니다. 지금은 물질문명으로 인하여 잠시 잊었던 본래의 문화를 다시 정착시킬 마지막 기회입니다. 당신들이 할 일은 물질문명으로 세계로 나아가는 것이 아니라 당신 조상들이 그랬던 것처럼 선문화를 통하여 인류에게 새로운 문명을 전하는 것입니다.

동이족의 공로

한반도에 거주하는 동이족의 원류인 한민족에 대해 알아보고 싶은데요. 한민족의 인과응보 즉, 잘한 일과 잘못한 일은 무엇인가요?

역사에 대한 평가란 쉽지 않지만 동이족들이 한반도에 거주하면서 쌓은 악업은 많지 않습니다. 동이족에게는 현 인류 역사의 시작을 연 후 점차 영역이 축소되면서 힘을 빼고 비축하는 역할이 주어졌기 때문입니다.

동이족은 현 인류의 시조로서 동북아에서 시작하여 아시아, 유럽, 아메리카까지 모든 지역에 영향을 미치면서 문명을 만들 수 있는 기회를 제공하였습니다. 이것은 인류에 족적을 남긴 엄청난 일이며 동이족이 잘한 일은 현 인류의 시조라는 것입니다. 이것은 곧 동이족이 현생 인류의 미래를 좌우하는 사명을 부여받은 종족이라는 의미입니다.

또, 문명이 석기에서 청동기로 넘어가는 계기를 만들어 인류의 비약적 발전을 가지고 왔습니다. 물론 철기문물들은 세계 여러 지역에서 거의 동시 다발적으로 이루어졌지만 금속문명을 통한 전 인류의 발전은 상당한 것이죠.

금속문명을 세계에 전한 공로가 있군요. 다음은 무엇이 될까요?

문자의 발견과 보급입니다. 지금 전 세계적으로 영어를 가장 많이 사용한다고 하지만 이것은 최근의 일이고, 한자가 가장 많은 지역에서 오랜 기간 사용되었죠. 한자의 기원은 갑골문자로 그 시원은 동이족의 홍산문명이라고 할 수 있습니다. 그리고 현 문명에서 문자를 처음 사용한 것도 동이족입니다.

또한 동이족은 문자를 기록하고 보존하는 데 있어서 많은 역할을 하였습니다. 지금은 동이족의 역사가 제대로 보존되지 않았지만 처음으로 문자를 만들고 기록을 위해 다양한 매체를 이용하였으며 종이를 만들고 보급한 것도 동이족의 후손들이 한 일입니다.

그 다음은 활자술이라고 해야 할까요? 금속 활자, 목판 활자 등 대량 생산과 보급이 가능한 활자술을 개발한 것도 동이족의 업적이라고 할 수 있습니다. 물론 지구가 아닌 다른 진화된 별에서는 파장으로 하는 교류가 중요하기 때문에 문자를 이용하는 것이 별 가치가 없을 수 있지만 3차원 세계인 지구에서는 문자를 통한 지식과 경험의 전수가 매우 중요하죠. 특히 인간의 한 생이 100년이 안 되는 현시대에서는 더욱 그렇습니다.

문자의 사용과 기록이 참으로 중요한 것 같네요. 다음엔 무엇이 있나요?

동이족의 선仙한 문화, 사람과 자연과 하늘이 서로 조화롭게 공존하는 문화를 전파하였다는 것입니다. 이것이 우화등선羽化登仙[24], 신선 등 일부 잘못된 방향으로 간 것도 있지만 자연과 더불어 살고자 했던 문화를 상당 부분 전파하였다는 것입니다.

다른 하나는 문화를 보급하는 초기 단계에서 전쟁을 통한 정복이 아닌 선스러운 문화를 통해 자연스럽게 확산될 수 있도록 했다는 것입니다. 타 지역인들이 자신들의 문화를 있는 그대로를 간직할 수 있도록 한 것은 큰 의미가 있죠. 근현대 시대에 대부분의 서양 국가들이 타 지역에 자신들의 문화를 강제적으로, 의도적으로 전파하여 흡수, 합병하였다면 동이족의 문화 확산은 자연스럽게 진행되었습니다.

마지막으로 가장 중요한 것은 동이족의 시원에서부터 계속하여 선도수련의 맥을 이어왔으며 타 문화를 흡수하면서도 선도수련을 간직하고 있다는 것입니다. 근래 들어서 기독교에 너무 몰입되어 타 문화를 배척하는 경우가 종종 있지만 그래도 기독교와 천주교가 들어와서 성장할 수 있는 밑바탕엔 한국인들의 선도사상이 이미 있었기 때

---

24) 사람의 몸에 날개가 돋아 하늘로 올라가 신선이 됨.

문입니다. 그래서 두 종교가 보다 빠르게 전파되어 오늘에 이를 수 있었던 것이죠.

그럼 주변에서 시기할 정도까지 가게 된 잘못된 것들은 무엇인지요?

동이족이 우수한 문화를 전파하면서 여러 나라로부터 부러움을 한 몸에 받았기 때문에 주변에서 많은 질투를 하였습니다. 너무나 거대한 문명을 만들어 오랜 시간 주도적인 역할을 하였기 때문에 주변에서 끝없이 도전한 것이지요.

그래서 동이족의 문화는 중국에서는 분서갱유 사건으로 단절되기 시작하였으며, 일본에서는 백제와 고구려, 가야의 몰락으로 인한 단절과 고립으로 원한 관계로 발전되었습니다. 따라서 동이족은 역사의 뒤안길로 사라져야만 했습니다. 수천 년을 앞서 왔지만 새로운 시대를 위하여 무대 뒤로 사라져야 했던 것이지요.

또 다른 것으로는 동이족의 영역이 한반도로 축소되면서 국민끼리 당쟁에 휩싸인 것입니다. 약한 상태일수록 백성들을 통합하여 내실을 기해야 하는데 권력층들이 자신들의 이익에 눈이 멀어 백성들과 관리들을 이간질하고, 서로 싸워 너무도 많은 에너지를 낭비하였죠.

결국 한마음으로 위기를 극복하지 못하고, 좁은 지역에서 억눌려 지낸 세월이 오래되다 보니 전 세계로 다시 웅비하는 데 지장을 초래한 것입니다.

그렇군요. 이제는 다시금 전 세계인들과 날아오를 수 있도록 우리 먼저 힘을 내어야 하겠네요.

그렇습니다.

동이족의 숨겨진 역사

이러한 위대한 문명을 가진 동이족의 역사가 뒤로 숨어야 했던 이유가 있나요?

현 인류의 역사에서 새 문명을 열었던 동이족은 잠시 사라질 필요가 있었습니다. 앞으로 새로운 문명을 다시 건립하여야 하기 때문에 에너지를 결집시킬 시간이 필요하였던 것이죠. 또한 계속 앞에만 서 있다면 뒤에 따라오는 이들의 아픔을 자신의 아픔으로 받아들이기는 어렵기 때문이기도 합니다.

모든 것을 경험하고 축적하여 자신의 것으로 만들 시간적 여유가 필요하였던 것이죠. 한반도에 있는 동이족의 입장에서 보면 참으로 가슴 아픈 일이 될 수 있으나 전 지구적 측면에서 본다면 누구나 공감할 수 있는 명분을 제공하게 된 것입니다.

지금도 남과 북이 분리되어 그 아픔이 전 지구를 울리며 하루하루 긴장의 연속이지만 그로 인하여 많은 이들로부터 동정을 받습니다. 또한 남한의 경우 빠른 경제 성장으로 타 국가의 질시를 받는 등 남북한은 다른 나라로부터 다양한 감정을 유발시키고 있습니다. 이런 복합적인 감정을 만들어낼 수 있는 곳은 현재 지구상에서 한국과 북한으로 대변되는 한반도밖에 없습니다.

동이족의 주류가 넓은 만주벌판을 벗어나 산이 많은 한반도에 정착한 배경이 있나요?

한반도는 약속의 땅이라 할 수 있습니다. 이 땅은 형성 시부터 많은 기운이 있었으며, 많은 선인님들이 내려와 수련을 하셨기 때문에 충만하고 풍요로운 기운이 가득한 곳입니다. 세계적으로 기운이 강한 곳은 있기는 하지만 한반도처럼 맑고 밝으며 사랑이 충만한 곳은 없습니다.

하지만 다가올 새 시대를 준비하기 위하여 해양과 대륙이 만나는 접점에서 약간은 고립된 생활을 하게 되었죠. 한반도에 정착하면서 대륙에 직접적으로 진출하지 못하였고, 해양에서도 교류가 줄어들면서 집안 마당에 갇힌 형국으로 몇 백 년 동안 살아오게 된 것입니다. 한반도는 자신의 국력이 강할 경우 해양과 대륙을 모두 잇는 중요한 거점이 될 수 있지만 자신을 방어할 힘이 부족하면 어디로도 갈 수 없는 우물 안 개구리가 될 수 있는 곳이죠.

대부분의 지형이 하나의 특성을 가지고 있지만, 한반도는 사용하기에 따라서 변화가 가능한 지형이라고 할 수 있습니다. 한반도가 간肝의 형국이라고 하는 것도 결국 이런 특성이 있기 때문이죠. 간은 영양분을 저장하고 모든 것을 받아 들여 해독하고 정화하는 기능이 있어 일정 단계까지는 자신의 능력을 발휘합니다. 하지만 자신의 한계를 넘어서면 기능을 상실하게 됩니다.

한반도의 남북분단으로 만주까지 정체되었던 기운이 현재 동이족의 잠재력이 깨어나기 시작하여 활성화됨으로써 전세계의 기운을 해독하고 정화하기 시작하였습니다. 그러나 그 능력의 10%도 발휘하지 못하고 있기 때문에 아직 지구가 제대로 정화되지 못하고 있는 것입니다. 결국 한반도의 기운이 전 세계로 퍼져 나가기 위해서는 현재 진행 중인 한류韓流와 선문화仙文化가 결합하여 퍼져 나아가야 합니다.

그렇군요. 단순히 전 세계에 선문화를 알리는 것을 넘어서 간의 정화작용처럼 선문화를 통하여 그동안 정제되지 못한 여러 문화를 정화하고 선스럽게 변화시키는 역할을 해야 하는군요.

맞습니다. 또한 한반도는 인간의 골격 구조와 유사한 형상을 가지고 있습니다. 즉 골격 구조의 형상을 따라서 기운이 흐르기 때문에 타 지역보다 기운의 유통이 원활하지요. 일본인들이 한국의 정기를 끊기 위하여 쇠말뚝을 박았다고 하는데, 이것은 기운을 제대로 알지 못하고 겉모습만 보고 박았기 때문에 효과가 없었던 것입니다.

인체의 경락도를 보면 골격의 마디마디에 중요 혈자리가 있듯이 한국의 산맥 사이사이에는 중요한 볼텍스[25]들이 존재하고 있습니다. 이곳이 격암유록[26]에 나오는 십승지라고 할 수 있습니다.

혈자리는 무엇인가요?

혈자리는 단순히 몸 안에서 기운을 유통시키기도 하지만, 중요한 몇 군데 혈자리는 외부와 기운을 유통시키는

---

25) 기운이 강한 지역을 일컫는 것으로서 천기天氣와 지기地氣가 소용돌이치며 감응하는 곳이다.
26) 조선 중기의 학자 남사고가 지은 예언서로, 역학·풍수·천문·복서 등의 원리를 인용하여 조선의 미래를 예언하고 있다. 십승지는 전쟁이나 천재天災와 같은 큰 난리를 피하여 살아남을 수 있다는 열 군데의 땅으로 영주, 함흥, 귀주, 진천, 양산, 0주(0북), 0흥, 영0(경0), 0주(0남), 이0(0북)이다. 자세한 내용은 『한국의 선인들』 1권 참조.

역할을 하고 있습니다. 백회혈이 외부 기운을 주로 받아들이듯이, 한반도 적재적소에 배치되어 있는 볼텍스들은 한국으로 내려오는 기운의 통로라고 할 수 있습니다.

중요한 기운이 적재적소에 유통될 수 있도록 많은 볼텍스들이 있어서 대변화기에 필요한 기운들이 한반도를 통해서 내려온다는 말씀인지요?

그렇습니다. 우주인들이나 선인들이 지구에 기운을 지원하기 위해서는 어떤 통로가 필요한데 이곳이 바로 볼텍스입니다. 이러한 볼텍스는 기운을 지원하는 주체의 능력에 따라서 사용할 수 있는 곳이 다른데, 우주인들이 지원하는 기운은 천기天氣에 속하기 때문에 천기를 송수신할 수 있는 곳을, 선인님은 우주기宇宙氣를 지원하기 때문에 우주기운을 직접 송수신할 수 있는 곳을 사용하고 있습니다.

● 천기天氣 : 천기는 지구가 속한 태양계에서 나오는 기운으로 목화토금수, 오행을 가지고 있으며, 지구 자체에서 나오는 기운인 지기地氣와 우주기의 중간에 위치한 기운이다. 천기는 마음을 깨우고 사랑을 피우는 기운으로 축기蓄氣는 지기로도 할 수 있지만, 혈과 경락을 여는 것은 천기 이상의 기운으로만 가능하다.

● 우주기宇宙氣 : 우주기는 무한한 우주에서 내려오는 기운이다. 구체적으로 보면 북극성 같은 우주의 레벨에 속한 별, 그리고 선계에서 내려오는 기운이다. 우주기는 영靈을 깨우고 영력을 키우는 기운으로 깨달음을 얻으려면 반드시 우주기가 필요하다. 또한 우주기는 면역력과 직결되는 상화의 기운이기도 하다.

차원 상승과 동이족의 미래

앞에서 동이족이 다시 역사의 전면에 나온다고 하셨는데, 앞으로 동이족의 미래는 어떻게 되는지요?

동이족의 미래는 앞으로 지구의 차원 상승 스케줄과 같이 하게 될 것입니다.

차원 상승이라고요? 지구가 차원 상승하면 무엇이 달라지나요?

지구는 곧 3차원에서 5차원으로 차원 상승을 하게 될 것입니다. 그 차원 상승은 광자대(光子帶, photon belt)를 통과하면서 일어나게 됩니다. 광자대는 고차원 기운의 집약체로서 일종의 차원의 문과 같은 것이지요. 지구가 속한 태양계가 플레이아데스 성단 광자대로 들어가면서 광자光子라는 입자의 에너지를 받게 되는데, 광자는 물리적인 빛 이외에 생명체를 고차원으로 변하게 하는 생명의 빛이라 할 수 있습니다.

이것은 마치 전자레인지에 음식을 넣어 가열하면 전자파 에너지를 받아 물질의 상태가 바뀌는 것처럼 모든 세포가 고에너지인 광자 에너지와 공명하여 그 생명체의 파동이 바뀌어 상태가 변하게 됩니다. 이 과정에서 지구는 3차원에서 5차원의 별로 차원이 상승되고, 인간의 몸은 물질과 비물질이 함께 존재하는 반半에테르체로 변하며 DNA는 지금의 1쌍에서 6쌍으로 복원됩니다.[27]

하늘의 파장을 받고 하늘과 소통할 수 있었던 초기 동이족은 원래 DNA가 6쌍이었습니다. 오랜 세월 동안 물질

---

[27] 자세한 내용은 『위기의 지구, 희망을 말하다』 p.155 참조.

에 매이면서 마음이 폐쇄됨으로 인해 잃어버렸던 DNA가 이제는 차원 상승을 하면서 복원되는 것이지요. DNA 복원은 자신들의 본성 즉, 본래적 모습을 회복하는 것으로 하늘로부터 받은 유전인자가 복구되면서 많은 감각들이 되살아나게 될 것입니다.

하지만 차원 상승이란 거저 오는 것이 아니며 그곳에 살고 있는 모든 생명체들의 영적 수준이 상승되었을 때 가능합니다. 이러한 차원 상승의 평가 기준은 우주 발전에 어느 정도 공헌을 했는가가 될 것입니다. 선계는 준비되지 않은 인류가 차원 상승을 통하여 많은 능력을 얻게 되는 것을 바라지 않습니다.

정확히 어떤 뜻인지요?

우주에 있는 많은 별들이 3차원에서 5차원으로 진화하였고, 그보다 더 높은 별로도 진화한 적이 여러 번 있습니다. 차원 상승의 경험으로 알게 된 것은 준비되지 않은 이들이 차원 상승을 통하여 물질적인 능력, 의식적인 능력을 가지게 될 경우 우주의 진화보다는 퇴화하는 데 도움을 준다는 결론을 얻었습니다.

그래서 이번 지구의 차원 상승은 엄격한 심사를 거쳐 의식이 성장할 수 있는 인류만을 차원 상승에 동참시키기 위해 노력하고 계신 것입니다. 이러한 메시지를 전하고자 저도 노력하는 것이고요.

그럼 준비된 인류만 차원 상승에 동참할 수 있다는 말씀이신가요?

네, 그렇습니다. 저희 플레이아데스도 준비되지 않은 세력들이 많이 있는 상태에서 차원 상승을 하여 몇 번의 폐허가 반복되었습니다. 제대로 의식이 성장한 상태에서는 소유욕, 지배욕 등의 욕구가 발생하지 않지만, 저희 별에서는 그러지 못한 채 차원 상승을 했기 때문에 부작용이 많았습니다.

엄격한 심사를 통하여 의식이 성장할 수 있는 인류만을 차원 상승에 동참시킨다고 하셨는데요. 엄격한 심사의 기준은 어떻게 되는지요?

자신이 우주에 해가 되지 않을 것이라는 검증이 되어야 합니다. 곧 다가올 차원 상승을 맞이하면서 여러 재난이 발생하게 되는데 이것을 어떤 마음으로 받아들이는가가 첫 번째 테스트가 될 것입니다.

단순히 자신과 가족의 목숨을 구하기 위하여 주변을 돌보지 않고 혼자만 피하는가? 아니면 주변을 구하기 위하여 자신이 위험을 감수하는가? 입니다. 즉, 주변인들을 자신의 가족으로 인식하고 있는가? 하는 것입니다.

자신의 안위만 생각한다는 것은 우주에 가장 큰 해악을 끼칠 수 있습니다. 우주에서 아니 지구에서 과거에 상당히 발달한 문명들이 멸망했던 이유는 물질에 치우친 삶으로 인해 자신에게만 관심 가질 뿐 인간과 자연의 귀한 면을 보지 못했기 때문입니다.

다른 테스트도 있나요?

다음 덕목은 무엇을 위하여 목숨을 바치는가? 잘못된 것을 바로잡으려는 노력을 하는가? 입니다. 세상을 살아가면서 여러 가지 사회의 부조리를 보게 되는데 대부분의 사람들은 이를 회피하죠. 이러한 부조리를 바로잡기 위해 얼마나 노력하는가 하는 것이 다음 단계 테스트입니다. 이제는 스스로 자신의 환경을 개선하고자 노력해야 합니다.

그리고 세 번째는 주변을 위한 삶을 넘어서 스스로 발전하고 진화하고자 하는 욕구가 있음을 증명해야 합니다. 보통의 사람들은 어려운 환경이 주어지면 고통 앞에서 무기력해지고 자포자기를 하지만 영성이 뛰어난 사람일수록 불끈 힘을 내어 앞으로 나아가지요. 고통을 자양분으로 삼아 영성을 개발시킬 수 있어야 합니다.

많은 이들이 전쟁과 범죄들을 보면서 사회의 정의를 위하여 노력한다고 하지만 그런 과정에서 자신의 소중함을 잃어버리고 피폐해지는 경우가 있죠. 이제는 스스로의 존엄성을 지킬 수 있어야 할 것입니다. 그래야 인간 본연의 가치, 즉 자신이 왜 지구에 태어나 이런 고통을 겪어 넘겨야 하는가를 알게 되는 것이지요. 마지막 검증이 가장 중요한 것이 될 수 있습니다.

동이족의 문화를
전 세계로

동이족이 현 인류의 시조로서 문명을 열었고, 많은 침략과 지배를 받는 과정을 통해 주변에 있는 민족들의 어려움을 느낄 수 있었습니다. 20세기에 들어서 한민족이 다시 웅비하기 시작하였다고 하셨는데 그렇다면 앞으로의 차원 상승 시기에 한민족, 즉 동이족이 해야 할 역할은 무엇인지요?

동이족을 통하여 현 문명의 문을 열었기 때문에 동이족이 마무리해야 할 의무가 있습니다. 동이족이 처음 동북아에서 태동할 때 물질문명의 시대를 열기 위한 다양한 지원이 있었지요. 그리고 현재는 물질문명이 극에 달하고 있어서 그로 인한 다양한 문제들이 발생하고 있습니다.

인간에게 물질은 하나의 수단이 되어야 하는데, 어느 순간부터 물질이 인간을 지배하는 역전 현상이 벌어지게 되었죠. 그러면서 많은 부작용이 발생하였는데 가장 큰 부작용은 바로 물질을 모든 것의 최상위에 놓는 것입니다.

인간은 인간다워야 하고, 자연과 공존하면서 살아야 하지만, 물질에 얽매인 인간은 모든 것을 소유하고 지배하고자 하는 욕구로 인해 자연을 파괴하고 인간 스스로도 파괴하고 있습니다. 지금 상태로 간다면 머지않아서 지구까지도 돌이킬 수 없는 위험에 처하게 될 것입니다. 아니 이미 돌이킬 수 없는 상황에 처하여 극약처방이 필요한 상태이지요.

지금 지구를 살리고 지구의 자연 치유력을 높일 수 있는 방법은 인간들이 각성하여 물질 중심의 사고에서 벗어나는 것입니다. 이러한 행동을 동이족이 먼저 하고 자연과 함께 하는 본래의 인간으로 돌아갈 수 있는 방법을 먼저 보여주기를 바라고 있는 것입니다.

동이족의 문화가 한류가 되어 동북아에서 아시아로, 아시아를 넘어 세계로 나아갈 때 자연과 더불어 살았던 본래의 문화가 같이 전 지구로 퍼져 나아간다면 지구는 위기를 극복하고 아름다운 모습으로 다시 복원될 수 있을 것입니다.

동이족으로 살고 있는 지금의 한국인들은 자신들이 무엇을 해야 하고 어떤 행동을 하여야 하는지 알아야 할 필요가 있습니다. 과거의 수많은 경험과 과오에서 배운 지혜를 총 동원하여 인류에게 전해야 하는 것이지요.

본래의 동이족 문화는 인디언 문화의 본류로 자연과 함께 하고 식물과 공존하며 동물과 한 가족으로 살았던 문화입니다. 지금은 물질문명으로 인하여 잠시 잊었던 본래의 문화를 다시 정착시킬 마지막 기회입니다. 당신들이 할 일은 물질문명으로 세계로 나아가는 것이 아니라 당신 조상들이 그랬던 것처럼 선문화를 통하여 인류에게 새로운 문명을 전하는 것입니다. 시간이 얼마 남아 있지 않기 때문에 지금 당장 행동해야만 이 기회를 살릴 수 있습니다.

현인류의 문명과 함께한 동이족 여러분의 본래 가치를 부정하지 말고 스스로 인정하여 아름답고 선한 모습으로 이웃과 함께하여 주시길 우리는 바라고 있습니다. 지금 모든 것이 준비되어 있습니다. 동이족 여러분, 당신들이 이것을 인정하고 행동하기만 한다면 모든 것은 가능할 것입니다. 부디 자신이 태어난 목적을 헛되이 하지 말기를 바랍니다.

동북아시아에서 시작한 동이족은 전 세계로 퍼져 나갔습니다. 전 세계적으로 퍼져 있는 동이족의 피를 받은 후손들도 앞으로의 시기에 해야 할 역할이 있는지요?

환인 선인에 의하여 새로운 문명을 시작한 동이족은 끝없는 이동으로 전 세계로 퍼져 나갔죠. 그들은 하늘을 알아볼 수 있는 동이족의 DNA를 널리 전파함으로써 지금의 시대를 준비하였다고 볼 수 있습니다.

지금은 지구의 차원 상승을 맞이하여 현 인류가 새롭게 도약해야 할 시점입니다. 모든 인류가 이를 알고 함께 깨어나면 좋겠지만, 동시에 깨어나기란 쉽지 않습니다. 동이족의 피, DNA를 받은 인류는 지금 전하는 메시지와 시대적 사명을 먼저 깨달아 많은 이들이 함께 할 수 있도록 동참시키는 역할이 주어져 있습니다.

네. 알겠습니다. 동이족이 구체적으로 전해야 할 것은 무엇인지요?

이제 새로운 시대가 열리고 있습니다. 이 새로운 시대는 단순히 오래 살고자 하는 시대가 아니며, 인간 본래의 심성이 밝게 빛나는 존재들이 만들어가야 할 세상입니다. 전설로만 내려오던 이상향에 가까운 시대가 오기 위해서는 지구의 차원 상승과 자연재해 같은 자정작용으로 인하여 많은 아픔이 있을 것입니다. 이 아픔을 견디기 위한 노력과 이것이 무엇을 위한 것인지 주변에 알리는 것이 필요합니다.

세상에는 다양한 말들이 무성하지만 모든 것을 설명해 줄 수 있는 곳은 거의 없습니다. 지금은 동이족을 통하여 전해져오는 다양한 메시지들을 종합하여 다가올 시대를 준비해야 할 시기입니다. 여러분이 앞장서 하지 않으면 그 누구도 함께 하기 어렵습니다.

동이족에게는 환인, 환웅, 단군을 통하여 전수받았던 고유의 선문화를 지키는 보초병의 역할과 이 선문화를 주변으로 널리 알리는 연락병의 역할이 같이 주어졌기 때문에 인류와 주변에 함께 하고 있는 지구 가족들의 안전을 위해 다양한 노력을 해야 합니다. 이것은 당신들에게 주어진 의무이자 권리라 할 수 있습니다.

네. 알겠습니다. 저도 동이족의 후손으로서 자긍심을 가지고 역할을 다할 수 있도록 노력하겠습니다. 카르멜텐스님! 열정이 넘치는 대화 감사드려요. Bye~

저도 대선님과 대화하는 동안 즐거웠습니다. 제가 전해드리는 메시지가 동이족의 후손들에게 잘 전달되기를 바랍니다. Bye~~~^^

에필로그

　카르멜텐스님과의 대화는 막역한 친구와의 수다처럼 즐겁고 유쾌했습니다. 카르멜텐스님과 함께 동이족의 과거와 현재, 미래를 넘나드는 시간여행을 하며 그동안 제가 궁금해 했던 많은 것들을 알 수 있었습니다. 더욱이 지금 지구는 3차원에서 5차원으로의 차원 상승을 앞두고 있다고 하니, 대변화기에 앞서 동이족의 시원과 역사, 그리고 앞으로의 역할에 대해 알게 된 것은 망망대해에서 환한 등대를 발견한 것처럼 값지게 느껴집니다.

　현 인류의 시원이 되는 동이족은 환인 선인님으로부터 탄생했습니다. 지상에 새로운 인종과 문명을 만들고자 1만 2천 년 전에 황하강 중상류의 기상이라는 곳에서 환인 선인님의 DNA를 이식시켜 동이족을 탄생시킨 것이지요. 그 DNA는 '하늘'의 의미를 알아보는 형질을 가지고 있어, 지금까지 한 민족에게 알게 모르게 흐르고 있는 선문화의 바탕이 되었다고 합니다.

이렇게 환인 선인님에 의하여 탄생한 동이족은 끝없는 이동으로 전 세계로 퍼져 나가 하늘을 알아볼 수 있는 동이족의 우수한 DNA를 널리 전파하였습니다. 그리고 동이족의 우수한 문명인 금속문명, 문자, 선문화도 같이 전파하여 지금의 시대를 준비하였다고 합니다. 현 인류의 시조로서 동북아에서 시작하여 아시아, 유럽, 아메리카까지 모든 지역에 영향을 미친 동이족은 새 문명을 만들 수 있는 기회를 제공하여 인류사에 큰 족적을 남겼지요.

하지만 이런 위대한 역사를 가진 동이족은 잠시 무대 뒤로 사라져야만 했습니다. 지금 다가오는 지구 변화기에 새로운 정신문명을 건립해야 하기 때문에 에너지를 결집시킬 시간이 필요했기 때문입니다. 모든 것을 경험하고 축적하여 자신의 것으로 만들 시간적 여유가 필요했던 것이지요. 또한 그동안의 수많은 침략과 전쟁도 다 한민족을 단련시키고 훈련시키기 위한 스케줄이었다고 하니, 앞으로 동이족이 해야 할 역할이 얼마나 큰지 느낄 수 있었습니다.

이제 동이족은 다시 무대 위로 올라올 때가 되었습니다. 물질문명이 극에 달해 다양한 문제가 발생하고 있는 현재의 지구에 자연만물과 조화롭게 함께 하고자 하는 동이족의 선문화를 널리 알려 지구의 위기를 극복해야 하는 때인 것입니다.

지금 지구를 살리고 지구의 자연 치유력을 높일 수 있는 방법은 인간들이 각성하여 물질 중심의 사고에서 벗어나는 것이라고 합니다. 그리고 동이족에게는 앞장서서 자연과 함께 하는 삶을 보여주고 환인, 환웅, 단군을 통해서 전수받은 고유의 선문화를 세계에 퍼뜨려야 하는 중요한 역할이 있다고 합니다.

카르멜텐스님은 현인류의 문명을 시작한 동이족들이 스스로의 가치를 인정하여 많은 지구 가족들을 위해 행동해 주기를 바라고 있습니다. 지구의 차원 상승의 시기에 전 인류에게 나아가야 할 방향을 알려주고 기쁘게 함께 하길 바라는 것이지요.

　우주인 친구의 이런 진심 어린 말에 저는 깊은 감동을 느꼈습니다. 그래서 지구가 이 위기를 잘 넘길 수 있도록 동이족의 후손으로서 지구를 사랑하며 지키고 지구 가족들과 함께 동고동락하는 선문화를 널리 알리겠다고 다짐하게 되었습니다.

　이 글을 읽는 동이족의 후손들인 여러분들도 저와 함께 지구의 위기를 극복하고 지구의 차원 상승에 동참하신다면 더할 나위 없이 기쁘겠습니다.

　끝으로, 3차원에서 5차원으로의 차원 상승을 앞두고 있는 지구의 미래를 염려하고, 이웃별로서 지구를 사랑하여 열정적으로 모든 것을 알려주었던 카르멜텐스님께 깊이 감사드립니다.

지구와 헤로도토스 소개

★ 지구

　3차원의 별로서 우리은하의 궁수자리와 머리털자리에 걸쳐 있으며(우주에서는 마린성단 아류은하계 아루이은하로 불림) 태양계 제4성으로 7.8등급의 별이다. 우주에서도 유명한 고난도의 학습장별로서 다양함과 선악善惡의 공존으로 인해 인간 감정의 기복이 극단을 달리게 하는 특성이 있으며 윤회가 존재하는 곳이다. 다양한 파장과 에너지로 인해 생기生氣의 배치가 실제 별의 등급보다 높은 8.9등급인 속성수련速性修鍊 별이다.

★ 시리우스

　5차원의 별로서 큰개자리에 있으며 8.4등급의 별이다. 크기는 지구와 거의 비슷하며 육안으로 볼 때 동반성과 함께 두 개의 별로 보이나 실제 9개의 항성과 그 주위를 도는 여러 개의 행성으로 이루어진 별들의 무리이다. 현재의 지구가 차원 상승 과정을 거친 후 도달할 바로 다음 차원의 별이다.

★ 플레이아데스

6차원의 별로서 황소자리에 있으며 8.6등급의 별이다. 황소자리는 7개 별로 되어 있으며 물질문명에서 정신문명으로 진화하여 지구가 차원 이동할 때 직접적인 도움을 줄 수 있는 별이다. 플레이아데스인들은 지구인들이 가지는 감정에 대해 잘 알고 있다.

★ 헤드로포보스

8차원의 별로서 안드로메다 성단에 있는 9.2등급의 별이다. 예술을 통한 진화를 우주의 다른 차원의 행성에 전달하는 역할을 한다. 헤드로포보스인 모두가 예술가라고 할 수 있으며 별 자체가 예술작품의 전시장이다. 정신문명이 고도로 발달한 행성이다.

★ 헤로도토스

9차원의 별로서 안드로메다 성단에 있는 9.6등급의 별이다. 가장 차원이 높은 완전한 기적공간인 10차원으로 진입하기 위해서 최종적인 시험을 치르는 장소로서 우주에서도 유명한 곳이다.

★ 참고

우주는 1~10차원으로 되어 있으며 그 중에서 4차원 이하는 물질계의 원리로, 6차원 이상은 비물질계의 원리로 만들어져 있다. 그 중간에 위치한 5차원은 물질계와 비물질계를 이어주는 통로의 역할을 한다.

여기에서 별의 등급은 육안으로 보이는 별의 밝기에 의한 등급을 의미하는 것이 아니라, 별의 진화에 따른 수준을 말하는 것으로 '차원'이 별의 환경을 의미한다면 '등급'은 별에 존재하는 모든 존재들의 영성의 수준 상태를 나타내는 등급을 말하는 것이다.

⊙ 이 책을 펴낸 곳 명상학교 수선재는

너무나 궁금했던, 그러나 누구도 알려주지 않던 인생의 비밀을 알려주는 학교

'내 인생은 왜 이런 걸까?'

누구나 살면서 울적하거나 힘든 일이 생기면 이런 생각을 하곤 합니다. 그러다가 상황이 좋아지면 언제 그랬냐는 듯 그런 생각은 다시 마음 한구석에 넣어두고 까맣게 잊고 살게 됩니다. 그러다 다시 인생의 난관에 부딪히면 답이 나오지 않는 이런 신세한탄을 반복하며 살아가는 것이 보통 사람들의 모습입니다. 결국 불치병에 걸리거나 죽음 직전에 이르러서야 무릎을 치며 한평생 알지 못한, 그러나 반드시 알고 죽어야 할 사실이 있었다는 것을 깨닫게 됩니다.

'내 인생의 진정한 의미는 어디에 있는가?'
'가장 인간답게 산다는 것은 어떤 삶인가?'

수선재는 이러한 풀리지 않는 삶의 근원적인 질문을 품고 사는 현대인들이 삶의 참의미를 찾을 수 있는 도심 속 명상학교입니다.

이곳은 어린 시절 자신의 실수로 세상을 떠나게 된 동생에 대한 아픈 기억을 내면의 치유를 통해 극복한 중년남성, 하루도 조용할 날이 없는 사고뭉치들이 모인 남자고등학교에서 담임을 맡고 있지만 그 아이들에게 더 많은 것을 배우고 있다는 젊은 여선생님, 20대에 걸린 난소종양을 극복하고 동물농장을 만들며 자연과 하나 된 삶을 사는 그림 작가, 성공을 위해 10여 년간 서울에서 일에 파묻혀 살다 귀농을 결심한 후 자연 속에서 인생의 참맛을 알게 된 커리어우먼, 12년 동안 한국의 자연과 문화에 푹 빠져 살면서 한국인 못지않게 된장국을 잘 끓이게 된 미국인 등…. 평범한 삶을 살아가는 특별한 사람들이 학생으로 있는 곳입니다.

이들은 명상을 통해 단절되었던 자신의 내면과 이웃, 자연, 우주와의 관계를 회복하여 그들과 하나 됨 속에서 참다운 행복을 되찾아가고 있습니다. 또한 깨닫게 된 진리를 가족과 이웃뿐 아니라 세상에 전하며 자연만물과 인간이 공존하고 상생할 수 있는 실천적인 삶을 살아가고 있습니다.

• 명상학교 수선재 홈페이지 www.suseonjae.org

⊙ 명상학교 수선재 회원들의 활동 내용

1. 인생박물관 '선 뮤지엄'

삶은 무엇이며 죽음은 또 무엇인가?
인생을 어떻게 살아야 하는가?
수많은 현대인들이 애타게 답을 찾는 질문입니다.
청년들은 물론이거니와 중년, 노년에 이르기까지 삶의 길을 찾지 못하고 방황하는 이들이 늘고 있습니다.

본디 사람과 자연, 하늘, 우주는 하나에서 나왔으며 서로 돕고 사랑하며 지구라는 별을 아름답고 풍요로운 생명의 별로 가꾸어왔습니다. 그러나 물질문명이 득세하면서 인간은 점점 다른 존재들에게서 멀어지고 오직 자신들만을 위한 이

기적인 문명을 만들었습니다. 그 결과 지구는 회복이 어려운 중병을 앓고 있으며 모든 자연과 우주의 존재들은 인간에게 경고를 보내고 있습니다. 수선재 선 뮤지엄은 이러한 지구의 위기를 가져온 인간의 잘못을 알리는 한편 서로 사랑하고 상생하는 삶의 모델을 제시하는 인생박물관입니다.

• 선 뮤지엄 홈페이지 www.seonmuseum.org

2. 보람 있는 삶과 아름다운 죽음을 가르치는 '선문화진흥원'

선문화진흥원은 삶을 어떻게 살고 죽음을 어떻게 준비해야 하는지 가르치는 인생교육의 장場이며 명상전문가, 전직 교사, 예술치유가, 자연농법 전문가 등이 모여 설립한 비영리교육기관입니다. 선仙이란 곧 사람-자연-우주가 서로 조화롭게 공존하는 모습인 것입니다. 세상에 좋은 가르침이 넘쳐나건만 그것들이 대중에게 큰 도움이 되지 못하는 이유는 부분적으로 접근하기 때문입니다. 사회현실에 대해서만, 자연현상에 대해서만, 혹은 정신세계에 대해서만 이야기하기 때문입니다.

보람 있는 삶과 아름다운 죽음을 이루려면 사람과 자연과 하늘에 대한 앎과 사랑이 동시에 필요합니다. 참 삶의 길은 사람사랑, 자연사랑, 하늘사랑을 동시에 실천할 때 찾아질 수 있습니다. 선문화진흥원은 이러한 선문화를 통해 삶의 가르침을 전하는 통합교육의 장입니다.

또한 삶과 죽음에 대한 올바른 이해를 바탕으로 자연회복과 바른 장례문화 정착을 위해 '무덤 없애기 운동', '사후 장기기증 및 호스피스 활동', 아름다운 완성을 이룬 이들의 친자연적인 영원한 쉼터 '영생원 건립' 등의 활발한 활동을 하고 있습니다.

• 선문화진흥원 홈페이지 www.seonculture.net

⊙ 지구를 살리는 사랑실천

● 쓰레기를 줄이겠습니다
1. 휴지 대신 손수건을 사용합니다
2. 비닐백 대신 장바구니를 사용합니다
3. 종이컵 대신 개인컵(머그컵)을 사용합니다

● 에너지/물 사용을 줄이겠습니다
1. 가까운 거리는 걸어서 다닙니다
2. 전자 제품 사용 후에는 플러그를 뽑습니다
3. 양치할 땐 양치컵을 사용합니다

● 채식을 실천하겠습니다
1. 텃밭(실내) 채소를 키워서 먹습니다
2. 육류 대신 콩제품이나 해조류를 먹습니다
3. 채식 위주의 식사를 합니다

- 친환경 제품을 사용하겠습니다

    1. 합성 세제 사용을 줄입니다

    2. 알루미늄 포일과 비닐랩을 사용하지 않습니다

    3. 제철 농산물과 로컬 푸드를 이용합니다

- 지구와 교감하겠습니다

    1. 걸을 때는 걷기에만 열중하며 마주치는 사물과 인사합니다

    2. 매일 지구와 그 가족의 안위를 위해 기원합니다

    3. 환경을 살리는 실천 방법을 주변과 나눕니다

우주인의 사랑 메시지
동이족의 숨겨진 역사와 인류의 미래

ⓒ 수선재 2011

1판 1쇄 | 2011년 9월 1일
1판 2쇄 | 2011년 10월 10일
지은이 | 김대선과 카르멜텐스
펴낸곳 | (주)도서출판 수선재
펴낸이 | 서대완
편집팀 | 윤양순, 제지원, 이혜선, 최경아, 김혜정
마케팅팀 | 백상희, 김부연, 정원재, 김대만
출판등록 | 1999년 3월 22일 (제 1-2469호)
주소 | 서울시 관악구 은천동 905-27 1층
전화 | 02)737-9454 | 팩스 02)6918-6789
홈페이지 | www.suseonjaebooks.com
블로그 | blog.naver.com/seonbook
전자우편 | ssjbooks@gmail.com

ISBN 978-89-89150-78-7 03810

- 잘못된 책은 바꾸어 드립니다.
- 저자와 협의하여 인지는 생략합니다.